Gottes Wort mit Eselsohren

Michael Graff

Gottes Wort mit Eselsohren

Mit Zeichnungen von Gerhard Oschatz

Schwabenverlag

Umschlaggestaltung und Layout: Ronald Parusel, Mössingen,
unter Verwendung einer Zeichnung von Gerhard Oschatz
Satz: Schwabenverlag AG, Ostfildern
Druck und Bindearbeiten: Bercker Graphischer Betrieb GmbH, Kevelaer
Printed in Germany

ISBN 3-7966-0757-8

Für meine Eltern

Vorwort

Gottes Wort mit Eselsohren? Der Esel, der bin ich. Nicht die schlechteste Rolle im Evangelium. Die Eselsohren erzählen vom Abgegriffenen im Alltag. Da die Heilige Schrift uns heilen und heiligen sollte, wurde sie ein bißchen gewöhnlich. Herrlichkeit sollte sie ausstrahlen, glänzen. Doch bald wurde sie matt.

Schmuddelig wird die Herrlichkeit, wenn wir sie täglich durchs Leben ziehen. Bald riecht sie nach Bohnerwachs und Nivea, duftet sie nicht nur nach Weihrauch, meine kleine Herrlichkeit. Sie ist im Einsatz und guckt verwelkt aus der Wäsche.

Singet dem Herrn ein neues Lied,
singt dem Herrn, alle Lande!
Hoheit und Pracht sind vor seinem Angesicht,
Macht und Glanz in seinem Heiligtum.

Ps 96,1.6

Es heißt, ich sei bräver geworden. Es bezieht sich auf meine Texte. Ich weiß nicht, was genau gemeint ist. Schöner wäre ich gern geworden im Schreiben und Formulieren. Je häßlicher es draußen ist, desto schöner wollte ich schreiben. Doch daraus wurde bestenfalls Schönfärberei.

Also werde ich mich in Gottes Heiligtum umsehen, um herauszubekommen, worin der Glanz des Herrn denn besteht. Erstens: er glänzt nicht. Zweitens: es geht uns nicht glänzend. Drittens: alles Ermattete wird sein voller Glanz. Sein Heiligtum ist nämlich diese Welt, draußen vor der Tür, häßlich und laut, tausendmal durch den Schmutz gezogen, abgegriffen, zum Tode verurteilt. Sein Heiligtum entsteht ebenda, wo wir nicht brav bleiben konnten, nicht rein, nicht strahlend. In seinem Heiligtum wird geflucht und gekotzt, wird gesoffen und gehurt, wird geschossen und gefoltert, wird gelogen und gelästert. Und doch ist ebenda sein Heiligtum im Werden. In dieser Welt darf ich bereits singen und sagen vom Heilen und Heilenden. Und darf dabei all das Zeug benützen, woraus das Elend gebaut ist. Wüste Wörter, wüste Erfahrungen, wüste Gedanken kratze ich vom Gemäuer und halte sie ins Licht. So läßt sich meine Arbeit beschreiben.

Alpirsbach, am Fest Darstellung des Herrn 1995
oder: kurz vor Beginn der Berlinale 1995

Michael Graff

Inhalt

Wenn das Brausen kommt, kommt das Verstehen

Bis du wieder auf Quellen stößt

Wir werden sehen

Mist und Mystik

Kaum sprech' ich mein Effata, da tust du dich auf

Das entfesselnde Wort

Denk daran, daß Jesus Christus, der Nachkomme Davids, von den Toten auferstanden ist; so lautet mein Evangelium, für das ich zu leiden habe und sogar wie ein Verbrecher gefesselt bin; aber das Wort Gottes ist nicht gefesselt.

2 Tim 2,8–9

Das Wort Gottes ist nicht gefesselt. Mehr noch: es entfesselt dich. Und du, bist du gefesselt – in dir selbst? Du sehnst dich zurück in die Höhle, in die scheinbar heile Welt der Gebärmutter deines Glaubens? Die Gebärmutter muß nicht Kirche heißen. Aber in Sachen Glauben erleben wir ihre Fürsorge, lassen uns künstlich beatmen, nennen das Geist. Ich weiß, ich male hier ein Zerrbild von Kirche. Aber man muß einmal kapiert haben, wie aus der guten Mutter die böse Fee werden kann, die ihre Kinder nicht mehr hergibt, sondern zu verschlingen sucht: das Hexenhaus.

Wer aus einem Gefängnis befreit ist, manchmal nach einer Schulstunde, nach dem Besuch beim Zahnarzt (oder im Beichtstuhl, jaja, das kann so sein), wer also aus der Dunkelkammer ins Helle, Freie tritt, an die frische Luft, atmet auf, lebt auf. Dieses Aufatmen, die Trennung aus der lieben Symbiose, kostet Kraft. Atmen lernen, der Preis der Entbindung. Die Anstrengung der Freiheit. Die Anstrengung, sich vom Wort Gottes entfesseln zu lassen.

Ich

Ich, Daniel, hatte während der Nacht eine Vision.

Dan 7,2

»Ja, schütteln Sie das denn alles aus den Ärmeln? Ihre Stegreifpredigten: sagenhaft.« Und ich bekomme eine Wut im Bauch, denn daß ich nur loslege und schüttle, will ich nicht auf mir sitzen lassen. Also beim nächsten Mal einen Zettel in die Hand nehmen, damit alle auch sehen, daß ich vorbereitet bin. Was man aus den Ärmeln schüttelt, wird ärmlich.

»Das liegt Ihnen eben!« Und ich versuche herauszubekommen, ob das ein Kompliment ist. Und ob es kreative und unkreative Leute gibt. Mein Nebensitzer in der Schule stöhnte oft beim Aufsatzschreiben. Während ich immer meine liebe Not hatte, die Masse zu bündeln und mich halbwegs kurz zu fassen, kam ihm offenbar fast gar nichts in den Sinn. Mögen psychologisch geschulte Köpfe uns beiden erklären, wie es dazu kam. Heute ist er Arzt und ich bin Pfarrer. Wäre es umgekehrt besser? Gott bewahre.

Daniel hat seine Visionen nachts. Ich habe sie manchmal im Kino, aber Nacht ist immer gut, schlafend, dösend im Bummelzug, gedankenabschweifend während der Liturgie (pfui), alpträumend, da es Nacht ist im Herzen, pointenschmiedend, da es trostlos ist bei der Sitzung. Ich, sagt Daniel, ich habe eine Vision. Ich, sage ich, ich habe Einfälle. Nur einem Hohlkopf fällt was ein. Wieso? Weil jeder von uns nur eine begrenzte Kapazität hat. Die tausend Wissenslücken sind es, in die die Einfälle sickern können.

Peinlich, als ich in Sankt Gereon predigte und sagte, daß ich Sankt Gereon nicht kenne. Ich wußte wirklich nichts über ihn. Peinlicher, ich hätte viel von Sankt Gereon gewußt und sonst nichts.

Lauter, bitte!

Vernimm, o Herr, mein lautes Rufen;
sei mir gnädig, und erhöre mich!
Mein Herz denkt an dein Wort: »Sucht mein Angesicht!«
Dein Angesicht, Herr, will ich suchen.
Verbirg nicht dein Gesicht vor mir!

Ps 27,7–9

Ich kenne einen, der hat eine laute Stimme. Noch wenn er flüstert, drehen sich alle um. Manchmal ist mir das peinlich, weil der gute Mensch in U-Bahn und Lokal alles lautstark wiederholt, was ich ihm unter vier Augen sagen wollte. Vor seiner dröhnenden Diskretion wäre kein Beichtstuhl sicher, aber irgendwie kann ich ihm nicht böse sein. Sein lärmendes Wesen hat etwas Österliches.

Leise Töne gelten als vornehm. Leisetreterei auch? Unser Lautstärkepegel reicht von der Disko bis zur Meditation. Lärm kann krankmachen, aber totale Stille ist auch nicht gut. Der Urknaller Gott hat uns stimmgewaltig erschaffen. Wir müssen nicht immer voll aufdrehen, aber wenn wir es tun, ist es nicht gegen die Frömmigkeit. Lautstarke rhythmische Jugendgottesdienste beispielsweise – ach, wo gibt es sie überhaupt noch? – sind eine der vielen Ausdrucksformen unserer Religion.

Ob wir zu laut sind? Christen, zu laut in der Welt? Gemeinde, zu laut in der Liturgie? Prediger, zu laut im Klartext? Manchmal wollte ich uns alle erst einmal richtig aufdrehen. Manchmal wollte ich hören, wie weit das überhaupt geht mit unseren Verlautbarungen. Manchmal wollte ich lärmen in all der klebrigen Stille. Doch dann bringe ich keinen Laut hervor. Ich glaube, es liegt an der Akustik der liberalen Welt, die alles schluckt. Gott, sei hart zu mir, sei Echo, vervielfache meinen heiseren Schrei. Halleluja.

Die Sensibilität Gottes

Der Geist des Herrn erfüllt den Erdkreis, in ihm hat alles Bestand. Nichts bleibt verborgen vor ihm.

Weish 1,7

Und so heißt der Vers in der Einheitsübersetzung: »Der Geist des Herrn erfüllt den Erdkreis, und er, der alles zusammenhält, kennt jeden Laut.« Gottes Geist kennt jeden Laut. Ich will ihn sensibel nennen, die Sensibilität Gottes.

Sensibel ist der Geist, daher ist er unser Trost. Niemand hört uns weinen, weil wir die Tränen hinter Floskeln versteckt halten und am Telefon sagen, daß es uns gut geht. Er aber weiß, was los ist. Das ist unser Glück.

Sensibel ist der Geist, dabei erstaunlich aggressiv, wenn es um unser Heil geht. Sensibel, also konkret. Es gibt keine abstrakte Sensibilität. Pfingsten: Tag der Abstraktionen? Wer oder was ist der Heilige Geist, auf den sich Ketzer und Kardinäle berufen, Priester und Poeten, Institution und Rebellion? Inmitten der Liturgie findet sich seit dem Mittelalter ein kunstvoller Text, die »Pfingstsequenz«.

»Veni sancte spiritus« spricht den Heiligen Geist an als »Vater der Armen«, als den, der »das Verknöcherte beugt«, der »im Arbeitsprozeß ausruhen läßt«, als den, der »reinigt, wärmt und heilt«. Ein Text, der bis heute nichts von seiner Kraft eingebüßt hat. Sein Autor, Bischof Stephan Langton, war Kirchenpolitiker, Mitverfasser der »Magna Charta« (1215). Ein politischer Poet, ein wachsamer Bischof, ein Mann in der Kraft der Sensibilität Gottes.

Ihr alle seid Geistliche, seid also alle Sensible!

Mach die Augen auf!

Sie gaben ihm ein Stück gebratenen Fisch; er nahm es und aß es vor ihren Augen. Dann sprach er zu ihnen: Das sind die Worte, die ich zu euch gesagt habe, als ich noch bei euch war: Alles muß in Erfüllung gehen, was im Gesetz des Mose, bei den Propheten und in den Psalmen über mich gesagt ist. Darauf öffnete er ihnen die Augen für das Verständnis der Schrift.

Lk 24,42–45

Erste Lektion der Glaubensunterweisung: Wenn einer vor unseren Augen gebratenen Fisch ißt, ißt einer vor unseren Augen gebratenen Fisch. Sehen lernen heißt: sehen lernen. Also nichts hinzudichten, nichts übersehen, nicht durch den Fisch durchblicken. Mein geliebter Vordergrund!

Zweite Lektion der Glaubensunterweisung: Die Schrift mit offenen Augen lesen, murmeln, verstehen. Mach die Augen auf. Glotz nicht so romantisch. Die Augen! Du siehst immer nur, was dasteht. Und nicht einmal das siehst du richtig. Lesen, murmeln, verstehen! Die Unschärfe ist nicht die Unschärfe des Textes. Die Unschärfe entsteht durch deinen fahrigen Blick. Die Buchstaben kennst du. Die Wörter, die Sätze, die Bedeutungen, die Auslegungstradition. Und immer noch sind deine Augen nicht ganz offen.

Im wohl berühmtesten Film des Surrealismus, in Buñuels »Andalusischem Hund«, zerschneidet eine Rasierklinge nach zwei harmlosen Filmminuten ein Auge. Nahaufnahme. Extreme Verstörung. Schmerzhafte Unterbrechung der Sehgewohnheiten. Als der japanische Filmregisseur Akira Kurosawa ein Kind war, zerrte ihn sein älterer Bruder nach dem Erdbeben durch Tokio und zwang ihn, die unzähligen Leichen anzusehen. Nachts darauf wunderte sich der Junge, daß er ohne Alpträume schlief. Weil er tags nicht ausgewichen war, mußte er nachts nicht mehr böse träumen. Mach die Augen auf!

Lust auf einen Fluchpsalm

Doch Gott ist mein Helfer,
der Herr beschützt mein Leben.
Auf meine Gegner falle das Unheil zurück.
Weil du treu bist, vernichte sie!
Freudig bringe ich dir dann mein Opfer dar
und lobe deinen Namen, Herr; denn du bist gütig.

Ps 54,6–8

Der Mann, der die vielen Wörter weiß, kommt in den Beichtstuhl. Der Mann, der die vielen Wörter weiß, beichtet, daß er geflucht hat. Die Wörter will er dem Beichtvater nicht sagen. Hier im Kämmerlein schämt er sich seiner vielen Wörter. Doch nie, wenn er sie im Munde führt, will er lästern. Eigentlich schimpft er nur, der Mann, der die vielen Wörter weiß. Und er schimpft sehr kreativ. Der Beichtvater könnte sich bei der nächsten Predigt einiges abschneiden vom Mann, der die vielen Wörter weiß.

Bei der nächsten Predigt döst der Mann so vor sich hin. Von vorn schwebt Bedeutendes in seine Phantasie. Von Krieg und Verderben ist die Rede, von Hunger und Unrecht. Es werden sogar Länder beim Namen genannt. Da sieht der Mann, der die vielen Wörter weiß, die Verdammten dieser Erde. Kinder sieht er vor sich, kleine Skelette. Frauen sieht er vor sich mit welken Brüsten. Verstümmelte Soldaten in Lazarettbetten sieht er vor sich, plärrende Waisen auf Friedhöfen. Und da betet der Mann, der die vielen Wörter weiß, mit allen schlimmen Wörtern zum lieben Gott, es möge der Blitz die Schuldigen beim Scheißen treffen, einen nach dem andern. Er weiß, daß er nicht fluchen darf. Aber er hofft, daß der liebe Gott ihn bald erhört. Er hätte so gern einmal ohne schlechtes Gewissen geflucht. Doch man hat ihm die Flüche der Bibel vorenthalten. Sie sind nicht so deftig, aber sie sind deutlich genug. So deutlich sind die Flüche der Bibel, daß man sie meistens an der liturgischen Garderobe abgeben muß. Weiß jemand, warum?

Eva und Adam

Gott, der Herr, baute aus der Rippe, die er vom Menschen genommen hatte, eine Frau und führte sie dem Menschen zu.

Gen 2,22

Anatomie der Schöpfungsgeschichten? Fehlanzeige. Bein vom Bein, Fleisch vom Fleisch, Mann und Männin, Adam und Eva. Eva hat sowieso längst festgestellt, daß es vermutlich umgekehrt war, doch würde dies nichts an dem charmanten Sachverhalt ändern, daß wir einander fehlen: Weibchen, Männchen, du mein liebes Rippchen. Viel Erbauliches haben wir schon gehört, aus Anlaß von Hochzeiten beispielsweise, erbaulich und tröstlich, was die unlösbare Beziehung von Frauen und Männern betrifft. Bein vom Bein, Fleisch vom Fleisch. Näheres weiß die Symbolkunde. Oder der Atlas der Anatomie. Oder das gute alte Kiehnle-Kochbuch, daß auch die geistliche Liebe mitunter durch den Magen geht.

Mir gefällt an der naiv-gemalten Episode vor allem, wie sich der schöpferische Gott seiner eigenen Schöpfung bedient. Beim Autor würde man sagen: er beliebt, sich selbst zu zitieren. Das große Spiel der Liebe von Frauen und Männern: es ist ein Einfall Gottes, als die Schöpfung noch lebendig war. Ist sie es denn nicht mehr? Oh, sie atmet ständig auf, wenn sie einander zugeführt werden: Frau und Mann, Bein und Bein, Fleisch und Fleisch.

Nicht den Mund halten, sondern dem Wort Raum geben

Einen Propheten wie dich will ich ihnen mitten unter ihren Brüdern erstehen lassen. Ich will ihm meine Worte in den Mund legen, und er wird ihnen alles sagen, was ich ihm auftrage.

Dtn 18,18

War es anerkennend gemeint, als sie über ihn sagten, das Mundwerk laufe wie geschmiert? Wohl kaum. Aber wes das Herz voll ist, des geht der Mund über. Wenn die Propheten wortarm sind, formelhaft, langweilig, muß es in ihrem Herzen übel aussehen. Sagen die, die sich einen kurzen Weg, ein paar Schritte nur, zwischen Herz und Mund vorstellen.

Andere halten es mit der Devise, nicht gar zu viel vom Glauben zu reden. »Sprich nicht von dir aus über Gott, aber lebe so, daß man dich danach fragt.« Auch eine Überlegung.

Propheten haben nicht die Wahl. Weder räuspern noch Kunstpausen erlösen sie aus der Not, reden zu müssen. Nicht den Mund halten, sondern dem Wort Raum geben. Mundwerk sein, Mundwerk Gottes.

'n bißchen Religion auf der Party?

Ihr liegt auf Betten aus Elfenbein
und faulenzt auf euren Polstern.
Zum Essen holt ihr euch Lämmer aus der Herde
und Mastkälber aus dem Stall.
Ihr grölt zum Klang der Harfe,
ihr wollt Lieder erfinden wie David.
Ihr trinkt den Wein aus großen Humpen ...

Am 6,4–6

Die Vollgefressenen wollen Poeten sein. Das hat uns gerade noch gefehlt. Im Suff fangen sie das Dichten an. Wie gut ich den Zorn des Propheten verstehen kann. Psalmen entstehen nicht nebenbei. Religiöse Lyrik und geistliche Lieder sind Resultat nüchterne Arbeit und Frucht der Inspiration. Von selbst geht da gar nichts. Und wer da meint, man müsse sich nur in Stimmung bringen, weiß nichts vom künstlerischen Prozeß.

Die Psalmen gehören zum Edelsten der Bibel. Auch diejenigen, die die Bibel nur als Buch lesen, respektieren die Schönheit dieser 150 Gedichte. Um wieviel mehr sollten wir, die die Bibel als Buch der Bücher, als Wort Gottes betrachten, den Arbeitern des Wortes danken. Der gläubige Blick muß nüchtern bleiben. Das Problem der vollgefressenen und besoffenen Existenz gibt es auch beim Leser, manchmal dergestalt, daß wir voller Stimmungen und Launen den biblischen Text nur als einen Becher benützen, aus dem wir uns noch einen Schluck Trost, ein Häppchen Religion genehmigen.

Quasimodo

Seine Kleider wurden strahlend weiß, so weiß, wie sie auf Erden kein Bleicher machen kann.

Mk 9,3

Die Farbe des ungebrochenen Lichtes ist in der Liturgie die Farbe der großen Christusfeste. Als ich ein Kind war, fand ich das immer ziemlich fad. Rot beispielsweise gefiel mir besser. Ich bin heute noch ein Kind, was die Farben betrifft. Doch wir Menschen suchen – unbelehrbar und unbeirrbar – Weiß. Hin und wieder legen wir weiße Tischdecken auf, ziehen weiße Kleider an, riskieren sogar weiße Hosen, weiße Schuhe. Hin und wieder ist uns fast alles egal, die jederzeit möglichen Dreckspritzer der Wirklichkeit, die gefährlichen Saucen und ungeschickten Bewegungen, das Leben in seiner illusionszerstörenden Kraft, all das interessiert dann nicht. Dann ist Dominica in Albis, Weißer Sonntag.

Der offizielle Termin dafür ist der Sonntag nach Ostern. Acht Tage lang tragen die Neugetauften die reinen Kleider. Nun werden sie abgelegt, jedoch – wie der alte Schott mit dem heiligen Augustinus erläutert – »so, daß das schimmernde Weiß, das mit dem Kleide abgelegt wird, im Herzen bewahrt werde«. Gott segne unseren Glauben. Nach seinem Introitus hieß der Weiße Sonntag Quasimodo. So hieß auch der Glöckner von Notre Dame, jener taube und bucklige Unglückliche, der als Kind am Weißen Sonntag auf den Stufen der Kathedrale ausgesetzt worden war, und in dessen Häßlichkeit eine schöne Seele wohnte.

So ist es mit dem Licht in unserer Welt. Es ist gebrochen.

Pfingsten, Fest der Muttersprachen

Wieso kann sie jeder von uns in seiner Muttersprache hören?

Apg 2,8

Als ich ein Kind war, war meine liturgische Muttersprache Latein. Meine Kirche war eine meiner Mütter und ist es noch. Ich will nicht dorthin zurück, wo wir damals waren, doch das Übersetzen aller liturgischen Texte in die Muttersprache war nicht einfach ein Heimholen ins Verständliche, sondern auch ein Gang in die Fremde des Alltäglichen. Vermeintliche Klarheit in Wortschatz und Grammatik, ja, aber zugleich Verlust am Muttersprachlichen, Heimeligen. Halleluja. Hosanna. Swing low. Kum ba yah. Bajuschki baju. Das Kind versteht alle Sprachen dieser Welt.

Wir singen an Pfingsten den Hymnus »Veni Sancte Spiritus«. Wenn das Brausen kommt, kommt das Verstehen. Darauf verlasse ich mich. Es ist kein Verstehen nach Art der Dolmetschkunst. Es ist ein Verstehen nach Art der Muttersprache, die dir als einzige Sprache dieser Welt nicht extra beigebracht werden muß. In aller Einfalt vermute ich, daß wir Jahr für Jahr Schätze unserer Tradition bergen und pflegen müssen, um diese Muttersprache – sie ist nur eine von vielen – am Leben zu erhalten. Es geht nicht ums Latein. Auch wenn ein Papst deutsch spricht, bleibt er möglicherweise gerade dort schwer verständlich, wo er so flüssig reden kann. Es geht überhaupt nicht nur um die Sprachen, die aus Silben und Wörtern bestehen. Es geht auch um Bilder und Geräusche, um Bewegung, Gebärde und Duft. Es geht um Leben in seiner Schönheit jenseits dessen, was wir übersetzt haben wollen. Die Apostel an Pfingsten waren nicht polyglott, sondern sie wurden von allen in ihrer Muttersprache gehört. Sie wurden also gut verstanden. Das ist viel mehr als die Kunst, viele Sprachen zu beherrschen. Pfingsten ist der Tag, meinen Muttersprachen zu lauschen. Veni Sancte Spiritus.

Als ob Gott von auswärts käme

Gott, der mit uns zelten geht

Ich wohne in einem Haus aus Zedernholz, die Lade Gottes aber wohnt in einem Zelt.

2 Sam 7,2

Das also ist der Unterschied. Gott ist lieber im Zelt als wir. Dem Prediger wird man anmerken, welche Zelterfahrungen ihm vertraut sind. Wer wie ich das Zelten als Bubenvergnügen und Urlaubswelt kennt, kommt auf andere Gedanken als tschetschenische oder bosnische Flüchtlingsfamilien. In Zelten wohnen: Das kann heitere oder grausame Bilder wachrufen.

Was ist die Kirche? Das Zelt Gottes unter den Menschen? Das Zweite Vatikanische Konzil sprach gern vom wandernden Gottesvolk. Das Bild war nicht sehr realistisch, was die Flexibilität des Unternehmens betraf. Je länger ich die Strukturen und Gegebenheiten meiner lieben Kirche begreife, desto seltener nenne ich sie ein Zelt. Und da ich die Kirche nur noch als Haus erblicke, also als eine stabile und durchstrukturierte Angelegenheit, die wir nun wirklich nicht so einfach hin und her bewegen können wie ein Zelt, dann ist es um so schöner, daß Gott mit uns zelten geht.

Ach, und in der Kirche ist er gar nicht gern? Was weiß ich. Ich bin ja im Kirchenhaus. Ich singe alle Jahre Lieder vom Kommen Gottes. Als ob er von auswärts käme. So viel habe ich kapiert. Einheimisch ist er nicht, der Gott, auf den ich hoffe. Das ist es ja gerade, was mich singen läßt.

Weil Du Ja zu mir sagst

Zu dir, Herr, erhebe ich meine Seele.
Mein Gott, auf dich vertraue ich.
Laß mich nicht scheitern,
laß meine Feinde nicht triumphieren!
Denn niemand, der auf dich hofft, wird zuschanden.

Ps 25,1–3

Eine müde Hand beim Versuch, die winzige Wohnung – Fensterblick frei zum Parkhaus – in eine heimelige Adventsstube zu verwandeln. Strohsterne, einst von Freunden angefertigt und liebevoll über die Jahre gerettet. Tannengrün, kein Kranz, denn das erinnert sie immer so an den Friedhof, aber doch ein Gesteck mit roter Kerze, rot muß sie sein. Und das wackelige Engelchen vom Kinderzimmer, Erinnerung an große Erwartungen. Inzwischen hat sie nichts mehr zu erwarten. Nichts. Sie will auch nichts ins Fenster hängen. Für die glotzenden Autos dekorieren? Die müde Hand fällt.

Kraftvoll unterbricht der Eröffnungsvers die Resignation. Deine Seele erhebt sich. Du wirst nicht scheitern. Deine Feinde – wer sind deine Feinde, bist du dir selbst spinnefeind geworden? – deine Feinde werden nicht triumphieren. Schau dich um. Nimm den grünen Zweig, den kleinen Barbarazweig, er wird blühen, blühen! Und sei deine Hoffnung noch so winzig, ich weiß, du zählst zum Kreis der Kleingläubigen: du wirst nicht zuschanden werden. So eröffnet Jahr für Jahr die Kirche den Advent. Nicht weinerlich, nicht einmal sehr besinnlich, sondern kraftvoll. Advent, Ankunft!

Frohmachende Nähe

Freut euch im Herrn zu jeder Zeit! Noch einmal sage ich: Freut euch! Denn der Herr ist nahe.

Phil 4,4–5

Geburtstagseinladung. Alles ist angerichtet. Gleich müssen sie kommen, auf die ich mich freue. Unruhige Blicke, Zusammenzucken bei jedem Autogeräusch, Herzklopfen, Vorfreude. Schon mal die Kerzen anzünden, an der Tischdecke zupfen, den Burgunder Ochsentopf umrühren und weiter köcheln lassen. Winzige Verspätungen wie Ewigkeiten, und endlich die Ankunft. Wie ihr euch verändert habt, älter sind wir geworden, schön, daß wir uns endlich wieder sehen.

Nähe, die frohmacht. Nähe, aus großem Abstand geboren. Freude, die nur deshalb so stark ist, weil immer Nähe war, Nähe trotz Entfernung. Was der Apostel sagt, muß man uns eigentlich nicht zweimal sagen, daß wir uns nämlich freuen auf den nahen Herrn. Ist er nur nahe oder ist er schon da? Was heißt da »nur«, was heißt da »schon«? Seit ich Advent erlebe, und das geht ein Leben lang, ist der sehnsüchtig Erwartete immer nahe, und so ist er da. Immer bin ich am Kerzenanzünden und höre mein Herz klopfen. Immer muß ich die Dinge köcheln lassen. Immer ist Advent. Nur manchmal feiern ist Weihnachten. Nur manchmal ist Karfreitag. Aber immer ist Advent.

Welkes Laub ist schön

Wie Unreine sind wir alle geworden,
unsere ganze Gerechtigkeit ist wie ein schmutziges Kleid.
Wie Laub sind wir alle verwelkt,
unsere Schuld trägt uns fort wie der Wind.

Jes 64,5

Was die Adventsgestecke angeht: welkes Laub ist schön. Getrocknetes Leben ist nämlich weder tot noch unnütz. Es ist nicht mehr frisch, es ist nicht mehr vital, es wächst und tropft nicht, fault und riecht nicht, zerbricht mitunter, ist aber haltbar und verträglich. Die Geschichte meines welken Laubs ist im Advent gut aufgehoben.

Jesaja ruft zur Ordnung, zur heilsamen Ordnung Gottes. Das Bildwort vom welken Laub gehört zum Ernst der Lage. Hui, weg mit dir, weg mit dem Wind, gedenke Mensch, daß du Laub bist. Und doch ist die Bußpredigt nur wirkungsvoll, wo ich Zukunft habe. Advent: Zeit der Umkehr. Advent: Fest der Sünder. Was in mir Laub ist, war einst Grün. Was in mir welk ist, war einst frisch. Was in mir tot ist, war einst voller Hoffnung. Komm, Wind, Geist des Herrn, trag mich fort, mach mich neu. O Erd, herfür dies Blümlein bring, mitten im Laub, mitten im Abfall.

Ich will frei sein

Ich, der ich um des Herrn willen im Gefängnis bin, ermahne euch, ein Leben zu führen, das des Rufes würdig ist, der an euch erging.

Eph 4,1

Nein, schreibt Dietrich Bonhoeffer im Gefängnis, das Christentum ist keine Erlösungsreligion, keine letzte Ausflucht ins Ewige. Hiergeblieben. Was aber hieße dann Erlösung? Es wäre uns schon recht, wenn uns einer einfach huckepack aus dem Elend hinaustrüge ins Reich, wo Milch und Honig fließt. Man müßte die Wirklichkeit abschaffen, sie ist lästig. Das wäre ein Fest. Man müßte abhauen, lieber heute als morgen. Alles liegen und stehen lassen und weggehen dürfen.

Und wenn die Türe plötzlich offenstehen würde, ich weiß noch gar nicht, was mir lieber wäre. Erlösung als Lösung von allen, die ich liebe? Es sind doch nicht nur Ketten, die uns hierzulande binden. Wir sind daheim im Jammertal, wir haben Freunde und Verwandte, auch unter denen, die uns knechten. Es ist unsere Geschichte, unser Land, unser Leben, wo wir seufzen und mit den Ketten rasseln. Ich glaube nicht, daß ich ausreisen möchte. Ich möchte frei sein.

Von Wegen

Als sie auf ihrem Weg weiterzogen, redete ein Mann Jesus an und sagte: Ich will dir folgen, wohin du auch gehst. Jesus antwortete ihm: Die Füchse haben ihre Höhlen und die Vögel ihre Nester; der Menschensohn aber hat keinen Ort, wo er sein Haupt hinlegen kann.

Lk 9,57–58

Kein Weg fragt dich, ob du ihn gehen willst. Er ist da. Und Spurenelemente erzählen dir von deinen Vorfahren. Gelegentlich am Rande ein Skelett, und du erschrickst. Dann eine Kreuzung, keiner weiß Bescheid. Du bückst dich, um den Weg zu fragen, wie ein Spürhund. Und jahrelang bist du dir ziemlich sicher. Er narrt dich nicht, er ist nur da, doch kann es sein, du hast ihn längst verlassen. Dann langes Irren, Umkehr, Heimweg, und wenn du Glück hast, liegt er vor dir, freundlich.

Bezeichnete Wege wirst du finden, gute und böse, und nicht einmal dies genau bestimmen können. Du wirst viele von ihnen gehen müssen, mehr als dir lieb sind. Und nachträglich, in Stunden der Orientierung, wirst du nur sagen können: da und da bin ich gegangen, und ich bin nicht der Schöpfer, daß ich sagen könnte, es sei alles sehr gut geworden.

Ich bin ein Sucher
Eines Weges
Der breiter ist
Als ich.

Günter Kunert

Man kann den Weg nicht beschreiben, ohne von den Wandlungen zu erzählen. Also gehen wir, hoffend, daß Du der Weg bist. Deinen Krümmungen und Widersprüchen folgend, bleiben wir auf der Strecke. Das ist noch lange hin.

Zum Fliegen braucht man Mut

Dann legte er sich unter den Ginsterstrauch und schlief ein. Doch ein Engel rührte ihn an und sprach: Steh auf und iß!

1 Kön 19,5

Engel spielen in der Schultheologie immer noch keine große Rolle? Das ist dem, der lebensmatt am Boden liegt, egal. Engel werden nicht durch Bücher legitimiert, sondern durch Erfahrung. Und die Erfahrung des Nicht-mehr-weiter-Könnens ist so eine, wo du bald die Englein singen hörst, wenn sie denn kommen. Und sie kommen geflogen, während wir am Boden sind.

In Kinderbüchern wird so gut von Engeln gesprochen. Eines ist besonders schön: »Die Zeit der geheimen Wünsche.« Da spaziert das Mädchen Kapka durch das alte Prag. Und dann schaut sie an der Loretokirche hinauf und sieht die Engel aus Stein. »Einer der Engel, klein und pausbäckig, hat einen abgebrochenen Flügel. Er trägt seine Verletzung jedoch ohne Trauer. Er lächelt und blinzelt ins Sonnenlicht, als wollte er sagen: Ich bitte euch, wozu Flügel, zum Fliegen braucht man hauptsächlich Mut!«

Einer von dieser Art mag es gewesen sein, der den müden Propheten erquickte.

Von Engeln und Hirten

Die Hirten eilten hin und fanden Maria und Josef und das Kind, das in der Krippe lag.

Lk 2,16

Fröhlich eilende Hirten, mit Klingeling unterwegs Richtung Weihnachten, das muß schon langlang her sein. Die Hirten, die ich kenne, freuen sich auf die Tage danach. Sorgenvoll blättern sie seit Wochen im Terminkalender, überprüfen die Lücken, um beispielsweise ihre Verwandten zu besuchen. Möglicherweise nennt man diese Saison arbeitnehmerfreundlich, weil Weihnachten und Neujahr auf einen Freitag fallen. Was die Hirten am Altar betrifft, geht's wieder einmal rund. An den wenigen Werktagen geht's aller Voraussicht nach mehrmals auf den Friedhof.

Selig, wem die Engel dieser Tage den Weg gewiesen haben!

Was zu finden war: Maria, Josef, Kind. Ein wenig Stallgeruch, ein wenig Dach über dem Kopf, ein wenig Stern in der Nacht. Wenn kein Engel kommt, verschlafen sie alle die heilige Nacht, Hirten und Herden. Wenn kein Engel kommt, werden sie nichts finden, nur eilig sein im Kettenkarussell. Die geneigten Leser mögen sich ihrer Flügel vergewissern. Halbe Engel sind nämlich besser als gar keine. Und immer mehr Hirten resignieren. Das ist nicht gut im alten Jahr. Das ist nicht gut im neuen Jahr.

Gott auf der Straße finden?

Eine Stimme ruft in der Wüste:
Bereitet dem Herrn den Weg!
Ebnet ihm die Straßen!

Mk 1,3

Ich bin der Weg, sagt Jesus. Er sagt nicht: ich bin die Straße. Mir fallen Autos ein, Abgase, Treibjagd auf langsame Passanten, Mehrspuriges. Vor Jahren erregt ein Künstler fromme Gemüter, weil er einen gekreuzigten Hasen aufs Frankfurter Kreuz montiert. Aber, aber, Jesus ist doch kein Hase, sagen die Hüter der Doktrin. Ist er's, oder ist er's nicht? Hier der Inbegriff des flüchtigen Tiers und einer verfolgten, gejagten Natur, dort Christus als die Mitte des Kosmos. Gott auf unseren Straßen.

Vom Straßenbau ist im Advent die Rede. Durch die Wüste solle man dem kommenden Herrn eine Straße bauen, den Weg bereiten. Durch die Wüste, wohlgemerkt, und nicht durch die letzten Grünzonen und Naherholungsgebiete. Und nirgends wird verlangt, dem verheißenen Messias einen vielspurigen Zugang mit Überholspur zu verschaffen. Es geht nur um eine Straße, um Wegbereitung und Verbindung von dort nach hier, von Gott zum Menschen. Das Symbol ist einfacher als unsere Realitäten, Bahnreform hin, Autobahn her.

Gott auf der Straße finden? Mir fällt die Geschichte jenes Indianers ein, der nach eiliger Busfahrt aussteigt, um am Straßenrand zu warten, bis seine Seele nachkommt. Mir fällt das Haltezeichen, das Stoppschild von Joseph Beuys ein, der immer wieder prophetisch-provokativ (und entsprechend belächelt) unseren Betrieb unterbrechen wollte. Straßen sind dazu da, daß wir möglichst schnell von hier nach dort kommen. Gott im Advent 1993: Unterbrechung, Atempause, Stau, Stoppschild, Umleitung, Anhalter am Straßenrand – vielleicht auf dem Esel. Hosianna.

O Erd, schlag aus

Denn wie die Erde die Saat wachsen läßt
und der Garten die Pflanzen hervorbringt,
so bringt Gott, der Herr, Gerechtigkeit hervor
und Ruhm vor allen Völkern.

Jes 61,11

Berühmt und irreführend: Noldes großer Gärtner als Meditationsbild. Gott, der wachsen läßt, ist bei Jesaja aber nicht dem Gärtner gleich, sondern dem Garten. Eine aufregende Variante in der Galerie meiner Gottesbilder.

Gott läßt wachsen, Gott ist Boden, Gott ist Grund, Gott ist Mutter Erde. Wir Menschen aber, die den Boden hegen und pflegen, hegen und pflegen das, was Gott aus sich hervorbringt. Und wir hegen und pflegen – Gott? Kühn gedacht und stark, wenn ich's auch nur einen Tag lang beherzige.

»Gott braucht Menschen.« Das hören wir gern. Da denken wir uns nicht viel dabei. Da fällt uns vielleicht – im klerikalen Schrebergärtchen – gerade mal der Priesternachwuchs ein. Dann aber: Gott braucht Menschen, um Mensch zu werden. Maria, Josef, Stall. Und er braucht dich und mich als Gärtner. Doch seid nicht eitel, Freunde der kirchlichen Botanik: Gottes Wachsen und Hervorbringen bleibt seine Sache. Nichts können wir ihm abtrotzen. Nichts können wir in ihm ausrotten. O Erd, schlag aus, schlag aus, o Erd!

Im Gehörgang Gottes

Laß mein Gebet zu dir dringen,
wende dein Ohr meinem Flehen zu!

Ps 88,3

Dein Ohr, Gott, mein Kinderwunsch in deinem Ohr. Der du Gott bist, bist du Hörer des Wortes, Hörer der Welt, Hörer der Schöpfung. Nicht schläfst du, nicht schlummerst du. Also keine Ausreden, Allmächtiger, kein Gehörsturz angesichts dramatischer Entwicklungen auf Erden. Das Geschrei und Gesummse, das Trampeln auf Gefühlen und Pochen auf Recht kannst du gar nicht überhören. Mehr noch, das Ungesagte und Unausgegorene hörst du auch, mein Flüstern und Lispeln, meine Wiederholungen und Unverschämtheiten, alles.

In deinem Ohr, Allmächtiger, sind nun meine Wörtchen. Kaum spreche ich mein Effata, schon tust du dich auf. Unterwegs von der Muschel zum Innern, vorbei an Hammer, Amboß und Steigbügel, unmißverständlich fordernd in der Paukenhöhle, dann wiederholte Male im gewundenen Gang der Schnecke, endlich am Ziel.

Bis hier habe ich's geschafft. Soweit reicht die Mechanik meiner Religion. Nun aber, ob du verstehst und wie du handelst, was du willst und wann du antwortest: dein Geheimnis, deine Gnade, Gott, Hörer des Worts.

Als tiefes Schweigen das All umfing

Wie dunkel bist du, Nacht?

Als tiefes Schweigen das All umfing und die Nacht bis zur Mitte gelangt war, da sprang dein allmächtiges Wort vom Himmel herab, vom königlichen Thron.

Weish 18,14–15

Eigenartig: schon wieder ist es die Nacht. Schon wieder ist die Rede von der Dunkelheit. Dabei war unser Christbaum schöner und heller denn je. Doch zu viel hatte das alte Jahr verdüstert. Der Gang durch die Fußgängerzone war unangenehmer als in den Jahren zuvor. Es roch nicht gut in der Innenstadt, trotz Glühweinverkauf und gebrannten Mandeln. Kaum war man in der Nebenstraße Richtung Haltestelle, schon sah man die, die im Dunkeln sind. Und ihre Nacht breitete sich aus.

Licht im Dunkeln? Dabei sind wir weiß Gott nicht die Ärmsten. Doch auch bei uns geht die Schere immer weiter auseinander. Die letzten Jahre, gute Jahre? Holder Knabe im lockigen Haar, leg dich ins Bett zum krebskranken Alexander – fünf Jahre ist er alt – und streichel' seine Glatze, weil er Silvester nicht mehr erlebt. Oder hock' dich auf den gefrorenen Steinboden vor dem Hauptbahnhof neben Käthe mit der leeren Pulle und gib ihr 'n Schluck aus dem Flachmann, weil sie so allein ist.

Die Lichterkette am Tannenbaum ist kurz. Lang aber ist die Kette der Dunkelheiten auf Erden. Und eben dieses Dunkel sucht Gott auf. Eben hier ist er das Licht, das Licht in der Finsternis. Wenn wir's doch ergreifen wollten, da wir's ja nie begreifen!

Frau auf dem Mond

Dann erschien ein großes Zeichen am Himmel: eine Frau, mit der Sonne bekleidet; der Mond war unter ihren Füßen und ein Kranz von zwölf Sternen auf ihrem Haupt.

Offb 12,1

Da wollte ich nach dem Traumlexikon greifen. Nach dem Symbolbuch. Nach dem Bibelkommentar. Aber keines meiner Bücher war greifbar. Alles Kluge war verstaut hinter sieben Bergen aus Umzugskarton. Und ich versuchte zu träumen: Laterne, Laterne, Sonne, Mond und Sterne. Aber im Traum war ich schon wieder anderswo. So setzte ich mich wieder fragend vor das Bild.

Brennende Giraffe. Mondtretendes Weib. Ich finde es schön, ohne Auskunft geben zu können. Ist sie nackt, die Frau? Sonnt sie sich? Nein, sie hat die Sonne an. Trägt man das, wenn man Maria ist? Oh, meine Sprache, meine arme Erdensprache! Eine Frau hat mir dieser Tage ein Buch unter die Nase gehalten: Warum Frauen und Männer aneinander vorbeireden. Ich kann da jetzt nicht nachschlagen. Maria hat die Sonne an. Johannes sieht sie im Traum. Ich bin nicht einmal Johannes.

Warum stehst du auf dem Mond, Frau, und nicht wie ich auf der Erde? Und warum ist dir das, was mir Ferne, Lichtquelle und Energie bedeutet, ganz hautnah, und du verbrennst nicht? Und was geht dir alles durch den Kopf? Mir wäre schon ein einziger Stern zu schwer. Ist es, weil du auf dem Mond stehst? Ist es, weil du du bist?

Fruchtbarkeit, anders

Jede Rebe an mir, die keine Frucht bringt, schneidet er ab, und jede Rebe, die Frucht bringt, reinigt er, damit sie mehr Frucht bringt.

Joh 15,2

»Lange nicht allen / ist es gegeben, / aus blühenden Schmerzen / die Frucht zu gewinnen.« Jean Gebser tröstet. Da hast du geschuftet und gelitten, da bist du verlebt und verbraucht. Da spürst du kalt die Schere des Winzers. Es ist der Herr. Du fühlst dich nutzlos. Ach, du hattest auf die Moral der leeren Hände gehofft, daß Gnade vor Leistung geht und daß die Armen selig sind. Du warst dir deiner Ineffektivität allezeit bewußt. Im Älterwerden gab es keine Illusionen mehr. Mögen andere das Reich Gottes verwirklichen, mögen andere heilig werden, mögen andere in der Nachfolge Jesu sein. Mit mir ist nicht mehr zu rechnen, Herr, schneide die toten Zweige ab.

»Auch sagt man, auf verbrannten, abgestorbenen Vulkanen gedeihe kein schlechter Most.« Hölderlin tröstet schöner. Könnte es sein, daß ich anders fruchtbar war, als ich es mir vorgenommen hatte? Und die scharfen Schnitte, die eiskalte Klinge? Du wirfst mich nicht weg, Herr, Du reinigst nur? Sag bloß, Du liebst meinen Most!

Wer sagt dem Richter, was gerecht ist?

Abraham aber stand noch immer vor dem Herrn. Er trat näher und sagte: Willst du auch den Gerechten mit den Ruchlosen wegraffen? Vielleicht gibt es fünfzig Gerechte in der Stadt: Willst du auch sie wegraffen und nicht doch dem Ort vergeben wegen der fünfzig Gerechten dort? Das kannst du doch nicht tun, die Gerechten zusammen mit den Ruchlosen umbringen. Dann ginge es ja dem Gerechten genauso wie dem Ruchlosen. Das kannst du doch nicht tun. Sollte sich der Richter über die ganze Erde nicht an das Recht halten?

Gen 18,22–25

Das Gericht. Am liebsten hätten wir's gemütlich. Abrahams erfolgreiches Feilschen ist nach unserem Geschmack. Manche mögen's zwar heiß, aber eben nur manche. Bei der Vorstellung des göttlichen Endgerichts wird einem der Boden schon heiß unter den Füßen, sofern man nicht die ganze Sache in das Museum naiver Malerei verbannt. Heulen und Zähneknirschen? Nein, danke.

Doch alle Rede vom lieben Gott konnte den Ernst des Lebens nicht übertünchen. Bis zur Stunde haben Menschen ein feines Gespür für die letzte Möglichkeit, Gericht genannt, obwohl sie nur verschlüsselt davon reden. Man tut oft so, als stünde man vor Gericht. Anklagen, Beschuldigungen und Verteidigungsreden.

Die Ernsthaftigkeit unseres Glaubens an den Weltenrichter zeigt sich darin, ob er tatsächlich Maßstab unseres Handelns ist. An seinem Leben, konkret an Jesus von Nazaret, können wir ablesen, worum es in diesem Gericht geht, was wahres Menschsein ist. Gerne schreiben wir über die Baustelle unseres Lebens: »Eltern haften für ihre Kinder.« Doch der biblische Schöpfer hat uns das Betreten der Erde nicht verboten, sondern sogar aufgetragen, auf eigene Gefahr.

Das Gericht hat längst begonnen.

Verstand

Jesus sah, daß er mit Verständnis geantwortet hatte, und sagte zu ihm: Du bist nicht fern vom Reich Gottes. Und keiner wagte mehr, Jesus eine Frage zu stellen.

Mk 12,34

Ist das wirklich ein Geschwür, eine lebensfeindliche Krankheit: die Wucherung der Gedanken? Ich weiß schon, Herz ist Trumpf. Auch die Intellektuellen wollen den Himmel fühlen, suchen religiöse Streicheleinheiten, Wärmezonen, Glauben als Schlafsack. Und da sie wirklich frieren, habe ich keinen Anlaß, ihr Bedürfnis zu verspotten. Wie kommt es, daß mir warm ums Herz wird, wenn ich nachdenke über Gott und Welt? Selten entdecke ich Neues, doch niemals handelt es sich um die reine Wiederholung. Ich liebe Spaziergänge, den gewöhnlichen Weg. Mein allzeit flüchtiger Glaube. Nachdenklich hole ich ihn ein. Verständnis setzt Verstand voraus. Jesus liebte die Verständigen.

Nie hat es mich sonderlich gelockt, dumm zu werden oder hohl, auch wenn manche behaupten, man müsse sein Denken aufgeben und ganz leer werden, damit Gott so einziehen könne. Falls der Höchste allen Ernstes an einem solchen Einzug interessiert sein sollte, findet er bei mir eine möblierte Wohnung vor, keine nackte Zelle. Vieles, was sich als religiöser Eifer und geradlinige Glaubensunterweisung ausgibt, als Frömmigkeit und herzliches Gottvertrauen, ist nichts anderes als Ungeduld im Blick auf andere, die im langsamen Nachdenken unterwegs öfter innehalten und Fragen stellen. »Einfach rennen, retten, flüchten. Jetzt. Sofort. Wegfahren ins Ungezielte. Abhauen. Der Impuls peitscht hoch, bringt auf die Beine, doch neunhundert Gramm graue Masse unterm nicht aufklappbaren Schädeldeckel erweisen sich als zu großes Gewicht, das jeden Schritt verlangsamt und zögernd werden läßt« (Günter Kunert).

Wann wird Galilei heiliggesprochen?

Wir erraten kaum, was auf der Erde vorgeht,
und finden nur mit Mühe,
was doch auf der Hand liegt;
wer kann dann ergründen, was im Himmel ist?
Wer hat je deinen Plan erkannt, wenn du ihm nicht Weisheit gegeben
und deinen heiligen Geist aus der Höhe gesandt hast?

Weish 9,16–17

Der Kirchenmann zum Naturforscher: »Galilei, du sollst dich beruhigen!« Der Naturforscher zum Kirchenmann: »Sagredo, du sollst dich aufregen!« (Bertolt Brecht, Das Leben des Galilei).

Brechts Galilei will kein Märtyrer sein, sondern durch produktiven Zweifel der Wahrheit zum Durchbruch verhelfen. Die Aufregungen bei den Dogmenwächtern sind beträchtlich. Der Inquisitor zittert. Neues kommt in Betracht. Die Schöpfung entbirgt dem forschenden Auge immer neue Geheimnisse. Nicht die Frechheit des Forschers, sondern die Güte des heiligen Geistes ist Grund solcher Offenbarungen. Immerhin gilt die Wissenschaft als eine seiner sieben Gaben.

Wie viel Sorgfalt (und wie viele Kontroversen!) haben wir in den letzten Jahrzehnten in das rechte Verständnis der Bibel investiert. Und siehe, ganz eng sind wissenschaftlicher Befund und gläubige Antwort miteinander verschwistert, zumal wenn sie sich streiten. Wer aber liest im Buch der Schöpfung, wer entziffert, wer übersetzt? Es gibt sie, die Geistlichen der Erdkruste, die Exegeten des Kosmos, die Priester und Propheten der Materie. Doch während ihnen Tag für Tag Gottes Geist eine neue Seite im Buch der Schöpfung aufschlägt, diskutieren wir mit uns selbst.

Quälgeist Gebet?

Wende dein Ohr mir zu, erhöre mich, Herr!
Hilf deinem Knecht, der dir vertraut,
sei mir gnädig, o Herr.
Den ganzen Tag rufe ich zu dir.

Ps 86,1–3

Also bete ich den ganzen Tag. Nicht nur, wenn ich das Buch mit den Bildchen und Zetteln aufschlage. Nicht nur, wenn ich die Hände falte. Nicht nur, wenn ich mein frommes Gesicht mache. Auch wenn ich stumm bin, stumm vor Glück oder stumm vor Schmerz, rufe ich zu dir. Ich bin nicht nur der Rufer in der Wüste. Ich bin ein einziger Ruf.

Das hören die anderen nicht. Meine Kinder und Kindeskinder, mein Mann, meine Frau, meine Mutter, mein Vater, die Nachbarn. Sie sehen, wie sich meine Lippen bewegen. Sie sehen, wie sich meine Farben verändern. Sie sehen, wie ich meine Fassade richte. In Lausanne zum Beispiel werden alle Jahre im Frühling die Fensterläden neu gestrichen. Das sehen sie und brauchen dennoch Untertitel. Du aber hörst und verstehst jede Silbe und Sekunde meiner Äußerungen.

Ich aber tu so, als ob ich dich nie verstehen könnte hinter deinen tausend Untertiteln. Ich rede mich alle Tage heraus und warte auf irgendwelche göttlichen Extras. Ich bin erfreut, daß du mich in allem nimmst, wie ich bin, und bin doch kaum gewillt, dich in allem zu nehmen, wie du bist. Dabei bist du auch in allen Silben und Sekunden deiner Äußerungen für mich da: Gnade und Gegenwart, Ohr und Mund, Herz und Hand. Ab heute machen wir es so: du und ich, wir warten nicht mehr auf Extras, sondern lesen jede Silbe und Sekunde als Teile unseres Dialogs.

Gottesversuche

Hat je ein Gott es ebenso versucht, zu einer Nation zu kommen und sie mitten aus einer anderen herauszuholen unter Prüfungen, unter Zeichen, Wundern und Krieg, mit starker Hand und hoch erhobenem Arm und unter großen Schrecken, wie es der Herr, euer Gott, in Ägypten mit euch getan hat, vor deinen Augen?

Dtn 4,34

Hab keine Angst, mein Kind, keine Angst vor der Prüfung: du wirst sie bestehen. Bomben fallen, vielleicht fallen tausend zu deiner Seite, vielleicht bist du morgen tot, mein Kind, doch hab keine Angst, du hast die Prüfung längst bestanden. Dabei hat dich dein Gott nicht herausgeholt aus den Trümmern der zerschossenen Kinderklinik. Hat dich nur herausgefischt, dich, deinen aufgedunsenen Leib, aus den Wasserfällen von Tansania. Hab keine Angst, mein Kind, trotz alledem.

Wunder gab es hier und da. Du aber, mein Kind, mein liebes Kind, du bist nicht unter den Geretteten. Dein Foto im Fernsehen, wir sind nicht einmal mehr erschrocken. Solche Bilder sind Alltag, mein Kind. Wir zünden dir ein Kerzchen an, vielleicht.

Nur eins, Kind, Kindchen, denk nie, dein Gott hätte dich verraten. Er hat's versucht, dich herauszuholen. Alle Tage versucht Gott, das Schlimmste zu verhindern. Er kommt so selten durch. Daher sind die Prüfungen so schwer. Die Kandidaten des Himmelreichs gehen reihenweise zugrunde. Du aber, mein Kind, hast längst bestanden. Wo du jetzt bist: bitte für uns!

Deftige Mechanik

Ich habe das Murren der Israeliten gehört. Sag ihnen: Am Abend werdet ihr Fleisch zu essen haben, am Morgen werdet ihr satt sein von Brot, und ihr werdet erkennen, daß ich der Herr, euer Gott, bin.

Ex 16,12

Im System der Gebetserhörungen wäre im Unterkapitel Murren und Maulen zu vermerken, daß dem Allmächtigen hin und wieder der Kragen platzt, was den Israeliten einerseits, verwitweten Nervensägen andrerseits zugute kommt. Da man daraus aber gerade kein System ableiten kann, bleibt uns nur übrig, weiterhin auch unsere üblen Launen und Stimmungen spirituell zu würdigen. Denn was von Herzen kommt, dessen brauchen wir uns nicht zu schämen.

Mose selber scheint sich für das mürrische Volk immer wieder entschuldigen zu wollen. Irgendwie sind sie ihm peinlich, die Leute mit ihren niedrigen Beweggründen und ihrer mangelnden Geduld. Sie jammern dem lieben Gott die Ohren voll und denken nur an sich. Ihr Gott ist der Bauch, würde Paulus vermutlich dazu sagen. Gestrengen Heiligen fällt es nicht leicht, Gottes Gnaden auf dem Niveau einfacher Lebensbedürfnisse anzusiedeln. Doch wenn Rebhuhn, dann Rebhuhn. Wenn Hunger, dann Hunger. Wenn Manna, dann Manna. Den Herrn, unseren Gott, erkennen wir daran, daß er auf die deftige Mechanik unseres Leibes liebevoll eingeht. Denn der Schöpfer kennt sich aus mit unserem Knurren und Murren und weiß vor allem, wie's gemeint ist, nämlich gut.

Wer ruft uns? Wen rufen wir?

Weinend kommen sie,
und tröstend geleite ich sie.
Ich führe sie an wasserführende Bäche,
auf einen ebenen Weg, wo sie nicht straucheln.
Denn ich bin Israels Vater,
und Efraim ist mein erstgeborener Sohn.

Jer 31,9

Mission ist: Auf ebene Wege führen. Auch unebene Wege kennst du. Zum Beispiel die Gletschernacht im Kaunertal. Unerfahren, leichtsinnig, verspätet verbringen wir Stunden um Mitternacht auf dem Eis, angeseilt, doch ängstlich. Gegen Morgen sind wir an Land auf dem Heimweg. Oder der Weg zum Ortler. Ohne Hans, den gelassenen Führer, wäre ich nie so weit gekommen, nicht ans Ziel und nicht heim. (Ein Jahr später stürzte ein Einzelgänger, ein Mitbruder, im Ortlergebiet tödlich ab. Derselbe Weg. Derselbe Beruf.)

Manchmal gehst du allein, meistens mit anderen, gelegentlich als Führer vertrauter Routen, oft unsicher. Ob der Berg ruft, weißt du nicht. Stundenlange Nebelwanderung und die rettende Hütte. Blutbad im Stiefel, das Schulternzucken der Gefährten: da sieh du zu. Schlappmachen und überleben wollen. Die Lust am Ausblick und der bedrohliche Abgrund. Einsinken im Bruchharsch: dein Übergewicht. Bislang immer wieder aufgebrochen und heimgekehrt. Wer ruft uns? Wen rufen wir? So viele, unterwegs auf unebenen Wegen. Und so wenige Rufer. So wenige Wegerfahrene.

Fürchte dich nicht, Tochter der Eselin

Jesus fand einen jungen Esel und setzte sich darauf – wie es in der Schrift heißt: Fürchte dich nicht, Tochter Zion! Siehe, dein König kommt; er sitzt auf dem Fohlen einer Eselin.

Joh 12,14–15

Klein bist du, Fohlen, noch klein und unerfahren. Kaum hast du schwere Lasten getragen, kaum taugst du zum Handel, stehst nur herum, da kommt der Herr und findet dich. Fürchte dich nicht, Tochter der Eselin, du mußt noch nicht selbst deinen Herrn suchen. Er, der dich braucht, findet dich, Tragtier des Heils.

Ist dir der Mann zu schwer, der da kommt mit den Ringen unter den Augen? Ist dir der Mann zu schwer, den sie heiser brüllend erwarten? Stört dich das Blitzlicht der Fotografen von unten, das Gesummse und Rütteln der Fans, die in Lumpen gewickelt Hosianna schreien? Wolltest du nicht lieber draußen bleiben, Tochter der Eselin? Du wehrst dich nicht. Du trägst. Du bist ein Stück von ihm.

Pochen am Tor

Ihr Tore, hebt euch nach oben,
hebt euch, ihr uralten Pforten;
denn es kommt der König der Herrlichkeit.
Wer ist der König der Herrlichkeit?
Der Herr der Heerscharen,
er ist der König der Herrlichkeit.

Ps 24,9–10

Auf der Höhe von Marbach am Neckar ist ein Hügel, ein Hügel zur guten Aussicht. Er heißt Galgen, und da kann man grillen und fußballspielen, saufen und übernachten, spazierengehen und Palmzweige segnen. Letztgenanntes nur einmal im Jahr, versteht sich.

Die ehemalige Hinrichtungsstätte ist sinnvoller Ausgangspunkt der Palmprozession. Erinnerung an Ausgestoßene und Strafgefangene, an Gewaltverbrecher und Strauchdiebe, an Angst und Aberglauben. Auf dem Weg zur Kirche kommt man am Friedhof vorbei. Frische Erinnerungen: Opfer der Kriege, Opfer des Straßenverkehrs, Opfer ihrer eigenen Verzweiflung, Opfer unheilbarer und heilbarer Krankheiten. Man geht noch einige Schritte, schon hört man die Kirchenglocken, das Orgelspiel. »Hosianna!«

Sind nun alle Tore offen? Oder hörst du noch Schreie, Klopfen, verzweifelte Bitten um Einlaß? Wer ist denn heute früh eingezogen? Ist es der König der Herrlichkeit, oder seid nur ihr es, die sowieso schon drinnen sind und ihre Dinge drehen? Horch, ob es noch pocht an der Tür deines Herzens. Nicht du sollst ein- und ausgehen, auch wenn du Prozessionen liebst, sondern Er!

Das Kapital

Verschaff mir Recht, o Gott,
und führe meine Sache gegen ein treuloses Volk!
Rette mich vor bösen und tückischen Menschen!
Denn du bist mein starker Gott.

Ps 43,1–2

Beispielsweise das Recht auf Eigentum. Versicherung und Geheimzahl für meine Kreditkarte, Polizeirufsäulen und Gitterfenster sollen mein Recht sichern. Und Gott?

Böse und tückische Menschen sind hinter meinem Geld her. Wenn ich im Gedränge nicht aufpasse, ist das Portemonnaie weg. Es hat mir gehört, mir. Auch der Fotoapparat, der in Lissabon geblieben ist. Auch die Brieftasche, die mir einer am Hauptbahnhof von Neapel aus der Hand gerissen hat. Mir, mir, mir hat das alles gehört.

Das Spieglein an der Wand konfrontiert mich mit einem habgierigen, erbärmlichen Kleinbürger. Mit einem arbeithabenden, einkommenhabenden, gesundheithabenden Mitteleuropäer. Mit einem bösen und tückischen Menschen, vor dem man sich hüten sollte. Am meisten sollte sich der hüten, der da vor dem Spiegel steht und vor Angst zittert. Verschaff mir Recht, o Gott? Ja, verschaff mir Recht: Gerechtigkeit, Rechtschaffenheit, Menschenrecht. Sei mein starker Gott und reiß meine vermeintlichen Stärken nieder. Werde ich je so beten? Ich, einer vom treulosen Volk?

Sandburgen am Strand der Ewigkeit

Störrisch sind sie, aber fix

Da sprach der Herr zu Mose: Geh, steig hinunter, denn dein Volk, das du aus Ägypten heraufgeführt hast, läuft ins Verderben. Schnell sind sie von dem Weg abgewichen, den ich ihnen vorgeschrieben habe. Sie haben sich ein Kalb aus Metall gegossen und werfen sich vor ihm zu Boden. Sie bringen ihm Schlachtopfer dar und sagen: Das sind deine Götter, Israel, die dich aus Ägypten heraufgeführt haben. Weiter sprach der Herr zu Mose: Ich habe dieses Volk durchschaut: Ein störrisches Volk ist es.

Ex 32,7–9

Die Volkstanzgruppe überrascht durch heiße Rhythmen. Die Mechanik des metallenen Kalbs hat sich im Lauf der Jahrtausende verfeinert. Man kommt kaum noch mit, was da für Dinge gedreht werden. Das Volk ist in den Augen Gottes störrisch, doch was die Fortbewegungstechniken angeht, sind sie ganz schön auf dem laufenden. Sie liegen längst nicht mehr auf dem Boden und glotzen, sondern verändern ständig ihre Position. Zwischen Fax und RunTime ein kurzer Blick auf Blutdruckmesser, Börsenbericht und Geigerzähler. Seit ihr alle da? Jajaja!

Und doch bleibt Metall Metall, und ein Kalb bleibt ein Kalb. Und sei das Ganze noch so flexibel und mobil: Aberglaube bleibt Aberglaube. Dies schreibe ich mit 33MHZ. Oh, Mose!

Burg, dich müssen wir nicht bauen

Sei mir ein schützender Fels,
eine feste Burg, die mich rettet.
Denn du bist mein Fels und meine Burg;
um deines Namens willen wirst du mich führen und leiten.

Ps 31,3–4

Schön, wie die Psalmen Bitte und Antwort identifizieren: Der du mein Fels bist, sei du mein Fels. Der du meine Burg bist, sei du meine Burg. Es heißt, Jesus habe mit Petrus gemeinsam nach der Schlüsselszene diesen Psalm gesungen.

Schön, wie die Psalmen uns entlasten. Die Burg muß nicht gebaut werden. Die Burg muß nicht erfunden werden. Sie ist da, eine der tausend Gestalten: Ich bin der Ich-bin-da. Die Burg muß nicht einmal verteidigt werden. Sie verteidigt uns.

Und wir? Die Kirche? Das Gesetz? Struktur und Institution, Moral und Dogma, Ritus und Tradition? Alles voller Leben, alles aus Fleisch und Blut, alles heute grün und morgen welk, dann wieder grün, dann wieder welk. Alles wie Gras. Alles hin und wieder wie tönendes Erz. Alles inmitten der Burg wohlbehalten, draußen aber total überfordert, gefährdet, lächerlich. Nur wenn wir glauben, längst außerhalb der Burg zu sein, müssen wir selber Burgen bauen: lächerliche Sandburgen am Strand der Ewigkeit.

Der Spieler

Als er die Fundamente der Erde abmaß,
da war ich als geliebtes Kind bei ihm.
Ich war seine Freude Tag für Tag
und spielte vor ihm allezeit.
Ich spielte auf seinem Erdenrund,
und meine Freude war es, bei den Menschen zu sein.

Spr 8,30–31

Die Kinder: Komm, du bist der Räuber, ich der Gendarm, du Mutter, ich Vater, du Doktor, ich der mit dem Blinddarm. Wir spielen Leben, du bist es. Komm, wir spielen Gott und die Welt.

Wir, denen das Spielen vergangen ist, hören die Kinder lachen und glauben ihnen nicht. Ihr werdet auch noch vernünftig, sagen wir und zittern ein wenig, als fürchteten wir uns davor, recht zu haben. Da rief Jesus ein Kind herbei und stellte es in ihre Mitte. Spielen lernen, das Glaubensspiel. Jesus, der Therapeut, mutet dir allen Ernstes den Sandkasten zu: Mensch, ärgere dich nicht, überspringe ein paar Felder, gib den Ball ab, versteck dich und laß dich finden, geh mit mir in den Wald, hab keine Angst vor Dreck, wir spielen Leben, komm, ich bin's.

Immer noch mißtrauisch betrete ich zögernd den Spielplatz. Einer kommt mir entgegen, nimmt mich an der Hand, reißt mich mit. Schon verrutscht die Krawatte, ich verliere den Hut, meine Rechtgläubigkeit kommt in Gefahr, mein Kapital. Beim Kopfstand purzeln die logischen Bestandteile meines Systems zu Boden, rollen herum, Klicker aus meinem Tiefkühlfach. Und ich lasse mich auffordern zum Tanz, falle aus dem Rahmen, komme lehmverschmiert heim, ja heim.

Testamentseröffnung

Der Herr ist die Stärke seines Volkes,
er ist Schutz und Heil für seinen Gesalbten.
Hilf deinem Volk, und segne dein Erbe,
führe und trage es in Ewigkeit!

Ps 28,8–9

Bis man das kapiert, daß Testament und Testament nicht dasselbe sind, das von der Bibel ist nämlich nichts von Verstorbenen, nichts für den Notar, also, bis man das kapiert hat, ist es fast schon wieder verkehrt.

Wenn es aber nun mal so heißt. Übersetzen soll ich. Vom Bund soll ich reden, vom Alten und vom Neuen, oder von der Guten Nachricht, was sich eigentlich nur aufs Evangelium bezieht. Aber wenn es doch Testament heißt? Und wenn mir Erbgeschichten einfallen? Da liegt der welke Vater auf dem Sterbebett und versammelt seine Söhne. So fangen Märchen an und manchmal Tragödien.

Nun stellen wir uns mal ganz dumm. Stellen wir uns so dumm und sagen, daß der liebe Gott eines Tages sein Testament geändert hat. Und wir sind die Erben, du und ich. Gestorben ist er auch, jedenfalls in Figur des welken Vaters. Und der einzige Sohn ist nicht der einzige Erbe. Er kommt, um zu vollstrecken: Karfreitag. Er kommt, um zu eröffnen: Ostern. Wir, die lachenden Erben? Pfingsten. Wir: die streitende Verwandtschaft? Kirchengeschichte. Vielleicht sollten wir uns doch nicht so dumm stellen, zumal Gott lebt. Lebt und das Erbe segnet. Nicht die Erben und Schleicher, sondern das Erbe. Das soll genügen. Außerdem sind Testament und Testament nicht dasselbe.

Schneller, Gott!

Gott, komm mir zu Hilfe; Herr, eile, mir zu helfen.
Meine Hilfe und mein Retter bist du, Herr, säume nicht.

vgl. Ps 70,2.6

Beim Wandern schön langsam. Im Denken schön schnell. Im Reden und Handeln mal so und mal so. Ob wir denn hasten oder bummeln: Wir gehören dem Herrn. Schön, nicht wahr? Auch Hochgeschwindigkeit ist Gottes Geschwindigkeit. Sollte das Volk, das gelegentlich seinen Gott zur Eile antreibt, nicht auch von ihm gelegentlich zur Eile angetrieben werden?

Wie überflüssig und kontraproduktiv ist der Ruf nach dem passenden Einheitstempo im Gang der Kirchengeschichte. Was hat man nach dem Konzil alles aneinander herumgemäkelt (und tut es immer noch), nur weil die einen den anderen zu schnell und die anderen den einen zu langsam waren. Wieviel unseliger Streit, wieviele Überforderungen und Unterforderungen allein aus diesem Grund, der doch einzig und allein in unserer Vielfalt seine Ursache hat.

Traditionalisten und Progressive kommen eben zu verschiedenen Zeiten an verschiedene Punkte. Aber auch langsame Bewegungen sind Bewegungen. Selbst der vermeintliche Fels in der Brandung: siehe, er bewegt sich doch. »O eilet, ihr Hirten!« Was für ein schönes Lied, und das nicht nur zur Weihnachtszeit. Hektik ist angesagt, weil der Heiland geboren ist. Die Hirten überbieten sich. Wer zuerst kommt, den belohnt die Kirchengeschichte. Vergleiche Petrus und Johannes am Ostermorgen. Und vergleiche sie mit ihren Nachfolgern im Lauf der Jahrhunderte.

Bejubelt wird bei jedem Stadtmarathon jener nette ältere Herr, der zwar mehrfach überrundet wurde, aber ankommt. Und auch er ist nur einer von vielen. Amen. Halleluja.

Hasch mich, ich bin der Sauerteig

Schafft den alten Sauerteig weg, damit ihr neuer Teig seid. Ihr seid ja schon ungesäuertes Brot; denn als unser Paschalamm ist Christus geopfert worden.

1 Kor 5,7

Sauerteig ist rasch hinüber. Und dann stinkt er vor sich hin. Hütet euch also vor dem alten Sauerteig. Was uns betrifft, betrachtet uns der Apostel als neuen Teig. Aber lange mag der Text im Bild nicht verweilen, denn da sind wir ja gar kein Teig, sondern Brot, ungesäuertes Brot. Oh, Paulus! Hat dich die Backstube je interessiert? Kaum sehen wir das Brot, schon bist du beim Lamm. Muß ich ernst bleiben? Immerhin ist Ostern.

In den dicken Bibelkommentaren kann ich was über die Bedeutung des Sauerteigs erfahren. Im Kochbuch aber wird das Praktische erläutert, wie also der Gärvorgang richtig organisiert wird. Man nehme ... – Und die Zutaten müssen gleichmäßig warm sein. Und keine Zugluft in der Küche. Deckel drauf und drei Tage warten. Drei Tage? Symbol, Symbol? Aber er soll ja vorher weg, der dumme Sauerteig. Was das Rezept betrifft, kommt am dritten Tag lauwarmes Wasser, und Deckel drauf und noch'n Tag warten. Dann ist aber Ostermontag. Hast du das gewußt, Paulus?

Rette mich, wer kann. Die Botschaft hör' ich wohl. Anderswo. Was das Ostergelächter angeht, hat der Sauerteig seine humorige Wirkung getan. Ich muß nicht ernst bleiben. Es ist Ostern!

Motten lieben Soutanen

Euer Reichtum verfault, und eure Kleider werden von Motten zerfressen.

Jak 5,2

Auch die Soutane? Ja, auch die Soutane. Motten lieben Soutanen. Nackt werden wir im Foyer des Himmelreichs erscheinen, nackter als nackt. Der Bundeskanzler wird keinen Maßschneider benötigen und der Papst nicht so viel Waschmittel für weiße Sachen, weder Paramentenwerkstatt noch Ottoversand sind beschäftigt, weil Heerscharen von Motten – die winzigen Helfer der Engel – ihr Werk vollbracht haben.

Kleider machen Leute. Auf gemachte Leute aber kommt es dort nicht mehr an, wo alle Wege ins Ziel münden. Die Opfer der Geschichte wird man nicht mehr an Sträflingskleidern erkennen und die Henker nicht mehr an der unauffälligen Garderobe. Den Klerus wird man von den Laien nicht mehr unterscheiden können, die katholische nicht mehr von der evangelischen Liturgie, den Karfreitag nicht mehr von Ostern. Es wird also ein bißchen fad sein im Himmelreich?

Es wird nicht fad sein. Es werden neue Kleider ausgeteilt. Alle ganz weiß? Nein, alle ganz bunt. Bunter als bunt werden sie sein, die himmlischen Klamotten. Hat das was mit den Motten zu tun? Frag nicht so dumm. Du wirst wunderbar aussehen, und jede Größe kannst du tragen ohne Angst. Es werden Kleider zum Spielen sein, Kleider zum Tanzen, Kleider zum Feiern. Die Armen werden aussehen wie König und Königin, und es wird ein Lachen sein. Woher ich das weiß? Das weiß doch jedes Kind.

Auf eine Tasse Tee bei Jesus

Jesus aber wandte sich um, und als er sah, daß sie ihm folgten, fragte er sie: Was wollt ihr? Sie sagten zu ihm: Rabbi – das heißt übersetzt: Meister -, wo wohnst du? Er antwortete: Kommt und seht! Da gingen sie mit und sahen, wo er wohnte, und blieben jenen Tag bei ihm; es war um die zehnte Stunde.

Joh 1,38–39

Hatte der Herr eine Sonnenuhr über der Tür? Woher wußten die Kameraden denn, wie spät es ist? Jedenfalls bleiben sie nicht den ganzen Tag. Wer um die zehnte Stunde kommt, kommt relativ spät. Der Lichttag wurde damals in zwölf Stunden eingeteilt, gerechnet vom Sonnenaufgang bis zum Sonnenuntergang. Die Gäste sind höfliche Leute. Sie kommen, wie man so sagt, auf einen Sprung vorbei. Kommt und seht.

Nicht zu viel und nicht zu wenig also, sagen wir mal, eine Tasse Tee beim Herrn. Mal sehen, was daraus wird. Unverbindlich vorbeischauen. Keine Schwellenangst haben müssen. Nur mal so schnuppern. Daraus wird möglicherweise eine große Geschichte. Aber das ist nicht von vornherein gesagt und schon gar nicht als Bedingung formuliert. Zunächst ist alles offen. Man darf sogar auf die Uhr schauen, ohne als unhöflich zu gelten.

In einem Dreizeiler (»Einladung zu·einer Tasse Jasmintee«) beschreibt Reiner Kunze dieses Glück: »Treten Sie ein, legen Sie ihre / Traurigkeit ab, hier / dürfen Sie schweigen«.

Aha!

Ich aber baue auf deine Huld,
mein Herz soll über deine Hilfe frohlocken.
Singen will ich dem Herrn,
weil er mir Gutes getan hat.

Ps 13,6

Die Lieder auf den Straßen: im Schunkelrhythmus. Die rote Nase nicht nur, weil wir frieren in dieser Zeit. Wir singen nicht, wir frohlocken. Dem Münchner Aloysius kam das Wort komisch vor, dabei kannte er das Repertoire vom Viktualienmarkt. Zum Frohlocken braucht man zwar nicht Narrhallamarsch und Prinzengarde – und ebensowenig Toccata und Meßdiener –, doch da sich der Prozessionsweg am Rosenmontag und an Fronleichnam nur teilweise unterscheidet, mag hier wie dort gottwohlgefällig frohlockt werden.

Für einen, der wie ich mit der Narrenzunft großgeworden ist, gehören Till und Chaplin, dummer August und Don Quichote zum engeren Kreis der Heimatheiligen. Bei uns daheim schreit man in den Gassen dieser Tage »Aha«. Auch darüber könnte man ins Grübeln kommen.

Die Dichter mögen die Narren. Nur das »Nutzlose überlebt«, schreibt Walter Helmut Fritz. Nur »die Narren / werden noch etwas ausrichten«. Und Heinrich Heine: »Ich, ein solcher Narr, ich liebe / Wieder ohne Gegenliebe! / Sonne, Mond und Sterne lachen, / Und ich lache mit – und sterbe«. Aha!

Sing a song

Alle Welt bete dich an und singe dein Lob,
sie lobsinge deinem Namen, du Allerhöchster!

Ps 66,4

Musik und Religion sind Geschwister, die nie voneinander loskommen. Wenn ich kein Gebet zustande bringe, kann ich immer noch singen. Bruchstücke liebgewonnener Choräle, aber auch Schlager, Fahrtenlieder, Sinfonien. Sie bringen mich dorthin, wo ich noch nie war und so gern sein möchte. Meine Kunst des Glaubens ist eng mit meiner Stimme verbunden. Und ich kenne viele, die bei unseren wöchentlichen Singstunden im Chor Kraft schöpfen und Gottvertrauen. Manche unter ihnen würden sich kaum besonders fromm nennen. Sie singen gern.

Strenge Christen stehen dem Lied mißtrauisch gegenüber. Auf das Wort kommt es an, sagen sie, auf den rechten Glauben. Aber »die Melodie ist die Seele des Liedes« (Herder). Wie albern wäre eine Gruppe des Schwarzwaldvereins, die unterwegs rhythmisch den Text aufsagt: »Das Wandern ist des Müllers Lust.« Es ist gerade der Vorsprung der musikalischen Form vor dem Inhalt, die meine Lieder Gott so nahe bringen. Als ob die Tonleiter den entscheidenden Aufstieg schaffen könnte, unmittelbarer als die Logik des Gesagten. Gerade weil ich selbst schon Liedtexte geschrieben habe, weiß ich, wer stärker ist.

Ostern: eine Fluchtgeschichte

Heraus aus Babel, flieht aus Chaldäa!
Verkündet es jauchzend, damit man es hört.
Ruft es hinaus bis ans Ende der Erde!
Ruft: Der Herr hat seinen Knecht Jakob ausgelöst.

Jes 48,20

Fluchtgeschichten. Der Knecht will Freiheit, dann wird gejubelt. Sklavenhäuser: konkret, geschichtlich. Von Babel-Chaldäa bis Bergen-Belsen. Fluchtgeschichten: konkret, geschichtlich. Vom Volk Israel im Schilfmeer bis zu den Boat People. Von der Heiligen Familie bis zu Familie Dladovijic im Container nebenan. Knecht Jakob will ausgelöst sein. Und seine Schwester Melanie, die mit elf Jahren zur Prostitution gezwungen wird. Und seine Tante Sofie, die mit offenen Beinen und weißem Haar immer noch Putzen geht in ihrem Alter und noch nie im Urlaub war. Und sein Vetter Carl, den sie Cognak-Charlie nennen. Von ihrer erfolgreichen Flucht, von ihrer österlichen Befreiung wollen wir rufen bis an die Enden der Erde! Solange sie aber nicht frei sind, Herr Gott, hören Sie, solange rufen wir Erbarmen, Himmelherrgott, Erbarmen!

Bis an die Enden der Erde. Bis an die Grenzen unserer Kraft. Denn wir wollen nicht Jakob separat bejubeln, solange Melanie, Tante Sofie und Cognak-Charlie in Ketten sind.

Wenn das Brausen kommt, kommt das Verstehen

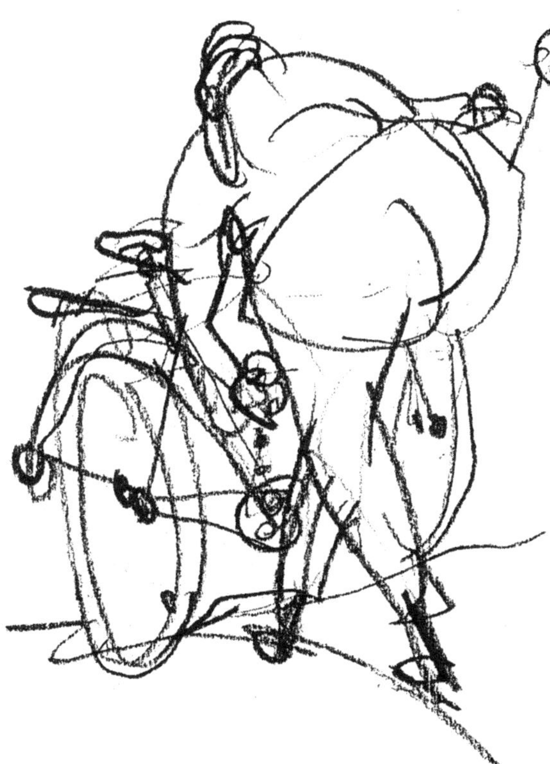

Ich und das Nadelöhr

Eher geht ein Kamel durch ein Nadelöhr, als daß ein Reicher in das Reich Gottes gelangt.

Mk 10,25

»Und Jakob entschlummerte. Im Traum erblickte er eine Leiter, die die Göttlichkeit mit der menschlichen Natur verband – die Ewigkeit mit der Zeitlichkeit, Gipfel mit Abgründen –, und über die Sprossen jener Leiter aus Lichtstrahlen kreiste ein Engelreigen, der das Niedrige mit dem Hohen, die Wohnung des Menschen mit der Wohnung Gottes verband... Ein unumstößliches Faktum war allein die enge Pforte, einem Nadelöhr vergleichbar, und aus ihrer dunklen Tiefe kam die Stimme des Herrn ... Als Jakob erwachte, dämmerte es bereits, und er zitterte vor Furcht am ganzen Leibe, und seine Lippen murmelten unverständliche Worte, und in seinen Waden kribbelte es.« (Aus: *Roman Brandtstaetter*, Die Eichen des Patriarchen) Das Nadelöhr ist der Vergleich, die enge Porte ist das Faktum. Auch umgekehrt wäre es poetisch und existentiell angemessen und aufregend.

Der Hinweis auf ein Jerusalemer Stadttor namens Nadelöhr ist fad im Vergleich zur Vorstellung, wie sie jedes Kind zunächst hat, das Kind mit den großen Augen. »Wer sich nicht ein Pferd auf einer Tomate galoppierend vorstellen kann, ist ein Idiot«, sagte Salvador Dali. Zurück zum Kamel. Ich liebe Kamele, zumal ich auch eins bin. Eine Leserin hat es mir zugesichert, und ich war glücklich. Wir Kamele sind bekanntlich für den Wüstenmarsch zuständig. Nun macht mich beklommen, daß das Tor so eng und das Kamel so sperrig ist. Ich warte also, bis das Tor sich dehnt und weitet, das Nadelöhr quietscht und pfeift, auf daß wir uns hineinquetschen ins Himmelreich. Selig, wer uns dorthin einfädeln hilft. Selig, wer uns dorthin zur Welt bringt.

Narrenspiegel

Da sprach Gott zu ihm: Du Narr! Noch in dieser Nacht wird man dein Leben von dir zurückfordern. Wem wird dann all das gehören, was du angehäuft hast?

Lk 12,20

Nach dem Zusammenbruch des Kommunismus ist die Welt eine Sorge los. Aber nicht sorglos, wie denn auch? Der Materialismus war uns ja gemeinsam. Zusammengebrochen ist lediglich eine untaugliche Weise des Wirtschaftens. Geblieben, vielleicht sogar gewachsen, ist unterdessen die Gier nach Geld. Und zwar nicht nur dort, wo Menschen um das tägliche Brot kämpfen müssen. Ihre Gier ist gut. Daß sie so weit unten sind, ist heute erst recht ein Skandal.

Im Gefängnis – den Tod vor Augen – wunderte sich Dietrich Bonhoeffer: »In meiner jetzigen Umgebung finde ich fast nur Menschen, die sich an ihre Wünsche klammern und dadurch für andere Menschen nichts sind; sie hören nicht mehr und sind unfähig zur Nächstenliebe.«

Es wird alles darauf hinauslaufen, ob sich das Christentum aus der Habgier befreien kann. Ob Gott wirklich dadurch zum Lachen gebracht werden soll, daß wir als Narren – mit dem Schellenbaum unserer Immobilien und der Kirchensteuer fest in der Hand – quietschfidel am Himmelstor erscheinen, als wäre alles o.k.?

Umzugskünstler

Aufgrund des Glaubens gehorchte Abraham dem Ruf, wegzuziehen in ein Land, das er zum Erbe erhalten sollte; und er zog weg, ohne zu wissen, wohin er kommen würde. Aufgrund des Glaubens hielt er sich als Fremder im verheißenen Land wie in einem fremden Land auf und wohnte mit Isaak und Jakob, den Miterben derselben Verheißung, in Zelten; denn er erwartete die Stadt mit den festen Grundmauern, die Gott selbst geplant und gebaut hat.

Hebr 11,8–10

Paulus, selbst ein Ruheloser im Reich Gottes, rühmt Abraham als Vater des Glaubens (Röm 4). Die nomadische Existenz, das Suchen und Finden, das Aufbrechen und Ankommen und immer neue Aufbrechen, ist mehr als nur eine Leidenschaft. Nirgends wird das Wesen des Glaubens deutlicher als im Pilgerstand. Und nirgendwo mußten die Propheten kräftiger Paroli bieten als dort, wo Tempel errichtet wurden für die Ewigkeit. Das hitzige Gegenüber von Aufbruchfreudigen und Seßhaften, Nomaden und Siedlern, die Dialektik dieser unverträglichen Seelen in der einen Brust der Kirchengeschichte und in der einen Brust jedes Christenmenschen: was für eine Kraft!

Abraham war nicht reiselustig, als er die Heimat verließ. Ich stelle mir Abraham unsicher vor, wenn er tapfer den Wanderstock umklammert. Was wird sein, wenn alles nur Täuschung war, ein folgenschwerer Irrtum? Was wird sein, wenn wir der Wüste nicht gewachsen sind? Auf derselben Spur später: Mose und das murrende Volk, Paulus und die Korinther, Teresa von Avila und der Karmel.

Die Maurer blieben ihnen nicht erspart, denn keiner von uns Sterblichen scheint geduldig oder tapfer genug zu sein, auf die Stadt Gottes zu warten.

Kein Pardon?

Wenn der Herr des Hauses aufsteht und die Tür verschließt, dann steht ihr draußen, klopft an die Tür und ruft: Herr, mach uns auf! Er aber wird euch antworten: Ich weiß nicht, woher ihr seid. Dann werdet ihr sagen: Wir haben doch mit dir gegessen und getrunken, und du hast auf unseren Straßen gelehrt. Er aber wird erwidern: Ich sage euch, ich weiß nicht, woher ihr seid. Weg von mir, ihr habt alle Unrecht getan!

Lk 13,25–27

Weder Sakrament noch Wort genügen dem Anspruch des Herrn. Und als Entree ins Reich der Erlösten wirken unsere Beteuerungen peinlich und lächerlich. Die Tür bleibt zu.

Ich aber fühle mich verletzt. War ich nicht seit meiner Erstkommunion Stammgast am Tisch des Herrn? Flankierten nicht zahllose Predigten, gehörte und gehaltene, die Straßen meines Lebens? Sollten wir uns alle so getäuscht haben? Ich mag es jedenfalls nicht, wenn mich ein Evangelientext demütigt.

Heulen und Zähneknirschen haben wir hierzulande genug, lieber Gott. Zur Entlastung solcher Passagen mache ich mir daher folgenden Reim: Ich halte die Tür nach wie vor für offen, werde mir aber für den Fall der verschlossenen Tür eine andere Argumentation ausdenken. Es scheint dem Herrn nicht zu genügen, wenn ich nur Gast und Hörer war. In der Lebensmitte, und wir kennen uns noch nicht richtig? Also will ich mich in der zweiten Halbzeit noch anderweitig erkenntlich zeigen. Die Offensive sei hiermit eröffnet. Der Herr wird staunen.

»Knien wollte er nicht«

Kommt, laßt uns niederfallen, uns verneigen
vor dem Herrn, unserm Schöpfer!
Denn er ist unser Gott.

Ps 95,6–7

Vor Gott knien? Oder stehen? Damals wie heute beten Juden im Stehen. Doch Salomo und Esra, Daniel und Jesus fallen in Stunden großer Ergriffenheit auf die Knie. Beide Haltungen sind gut. Knien kann mißverständlich sein, anstößig. Man erinnert sich an Willy Brandts Kniefall vor dem Mahnmal des Warschauer Gettos. Staunen, Kopfschütteln, Distanz. Aber auch viel Respekt in den Reihen derer, die selten knien.

Am Begräbnistag Heinrich Bölls wurde im Radio aus seiner – damals unveröffentlichten – Erzählung »Zündhölzer« vorgelesen: »Knien wollte er nicht«, heißt es da von einem Mann, der in einer dunklen, leeren Kirche die Hände faltet, »ohne zu beten«. Denn mit dem Beten war es schwierig geworden seit dem Tod von G., und er »sah die Tränen, bevor er sie spürte«.

Heute steh ich, morgen fall ich. Knien ist irgendwo dazwischen. Kommt, laßt es uns gemeinsam tun. So oft wir wollen. So oft wir können. So oft wir gemeinsam sind vor dem Herrn, unserm Schöpfer. Das ist nicht so oft, wie es im Kalender steht, aber öfter, als wir zugeben.

Magerquark und Hirtenwort

Wenn er mich anruft, dann will ich ihn erhören.
Ich bin bei ihm in der Not,
befreie ihn und bringe ihn zu Ehren.
Ich sättige ihn mit langem Leben
und lasse ihn schauen mein Heil.

Ps 91,15–16

Man fastet wieder? Seid getrost. Zu guter Letzt lacht das satte Frühstück, die Tafelfreuden des lieben Gottes, der uns nicht mager macht, sondern sättigt. Doch davon 40 Tage später.

Eine besondere Form des Fastens pflegen Prediger am 1. Fastensonntag. Das Wort hat der Bischof. Er schickt den Herden seinen vorösterlichen Hirtenbrief, den beispielsweise die Zelebranten – oho, aha! – wörtlich vorlesen sollen: ohne Lücken, ohne Kommentare, ohne sinnveränderndes Mienenspiel. Ich bin nicht informiert, wo überall Hirtenbriefe zum 1. Fastensonntag eintrudeln. Doch mancherorts wird es der Fall sein. Predigtfasten also, eine interessante Form der Disziplin.

Zurück zum Kühlschrank. Es sieht nicht gut aus. Magerquark und Mineralwasser stehen bereit, Radieschen und frische Kräuter. Strenges, Gesundes, um dann wieder zu alten Genüssen zurückzukehren. Und was haben Fastenkur und Hirtenwort mit dem Tagespsalm zu tun? Lies den Psalm. Schau in den Kühlschrank. Hör dem Bischof zu. Lies den Psalm.

Im Netz

Meine Augen schauen stets auf den Herrn;
denn er befreit meine Füße aus dem Netz.
Wende dich mir zu und sei mir gnädig;
denn ich bin einsam und gebeugt.

Ps 25,15–16

Wenn das Netz deines ist, Herr, laß mich zappeln. Lieber zappeln bei dir, als reisen und wohlfahren im Totenreich. Wenn es aber meines ist, das Netz meiner Schuld ist, das Netz meiner Vergangenheit, das Netz meiner Machenschaften: dann befrei mich.

Befrei mich aus Verlogenheit und Maskerade, befrei mich aus Größenwahn und Minderwertigkeitsgefühl, befrei mich aus Arbeitswut und Terminkalender, befrei mich aus Rollenzwang und Heuchelei, befrei mich aus Chauvinismus und Nationalismus, befrei mich aus Laissez-faire und Know-How, befrei mich aus mir selbst, dem größten Fallensteller meiner Zeiten. Befrei mich vor allem aus der krankmachenden Haltung, senkrecht zu starten und stramm zu stehen, als wäre ich nie gebeugt worden.

Beuge mich, Herr, wenn ich es nicht tue. Wirf dein Netz aus und fang mich ein. Laß mich nicht wieder los, auch wenn ich dich mit Füßen trete, um von dir loszukommen. Dein Netz ist Leben, Herr.

Mikado zum Ruhme Gottes

Jauchzt vor Gott, alle Länder der Erde!
Spielt zum Ruhm seines Namens!
Verherrlicht ihn mit Lobpreis!

Ps 66,1–2

Gottes Ehre – der spielende Mensch. Einübungen des Gotteslobs nicht nur mit Tuba und Schalmei. Einübung am Tisch daheim, wo wir spielend lernen, was am Altar so schön sein könnte. Zum Beispiel Mikado. Man kann sich dabei gut unterhalten und braucht eine ruhige Hand. Ich kenne kaum einen, der nicht in regelmäßigen Abständen über Streß und Hektik stöhnt. Mag sein, es ist wirklich nichts mehr mit der Geduld, aber dann laßt uns erst recht Mikado spielen, die schönen bemalten Holzstäbchen ausschütten und möglichst viele und möglichst hochwertige herausfischen, ohne daß sich ein Stäbchen bewegt.

Hinterher werden die Punkte gezählt, aber das ist nicht das Schönste am Spiel. Schön ist, wie die Stäbchen fallen, schön ist, wie sie daliegen, zufällig und kreuz und quer, schön ist, wie man sich die Stäbchen holt, am schönsten, wenn man den Mikado hat, den König unter den Stäben, weiß-rot gestreift, mit dem man nun besser agieren kann als mit den plumpen Fingern. Mikado ist einfach nur schön und fördert die Geduld und vertreibt, wie man so sagt, die Zeit. Aber das ist dumm gesagt, denn was da vertrieben wird, ist nicht die Zeit, sondern die Ungeduld, genau die Hetze, die uns daran hindert, Mikado zu spielen.

Du hast tausend Ausreden, warum du nicht zum Spielen kommst, zum Tanzen, zum Musizieren, zum Malen, zum Beten? Ich weiß. Das ist bei allen so. Aber vertrau dem Spiel, dem Tanz, der Musik, den Farben, dem Gebet. Das ist ihr Geheimnis, daß sie dir ihr Herz ausschütten, wenn du dich ihnen anvertraust. Mikado ist nur eins davon, ein gottgefälliges Werk wie alles Spielen. Am Tisch, am Altar, halleluja!

Suchen. Versuchen. Besuchen

Mein Herz denkt an dein Wort: »Sucht mein Angesicht!«
Dein Angesicht, Herr, will ich suchen.

Ps 27,8

Gott suchen? Man müßte die richtige Versuchsanordnung wissen. Man müßte Gott versuchen. Du weißt aber, daß es verboten ist. Trauen wir uns nicht? Oder ahnen wir bereits im Ansatz das Scheitern?

Radikale Zweifler und radikale Gottgläubige wollen wissen, wie weit man gehen kann und muß. Der verlorene Sohn probiert aus, was draußen so alles passiert. Daß er eines Tages heimkehrt, lehrt uns nicht den Unsinn solcher Eskapaden, sondern die Kraft, im Scheitern umzukehren, jedenfalls nicht zu verzweifeln.

Eine bekannte jüdische Anekdote weiß, wie traurig Gott in seinem Versteck wartet, weil ihn keiner sucht.

Weil ich etwas gebacken habe, will ich, daß es jemand versucht. Weil ich zuhause bin, will ich, daß mich jemand besucht. Weil ich mich verstecke, will ich, daß mich jemand sucht. Ich kann Gottes Traurigkeit gut verstehen.

Der Morgen der Sättigung

Ich aber will in Gerechtigkeit dein Angesicht schauen,
mich satt sehen an deiner Gestalt, wenn ich erwache.

Ps 17,15

Weil ich schlafe, sündige ich nicht. Weil ich schlafe, sehe ich nicht. Sehe viel: Traumtänzerisches, Verträumtes, Animus und Anima, Tagesrest und Schattenspiel, sehe mehr als Schaum, gewiß. Und doch sehe ich nicht die Gestalt, Gott, an der ich mich satt sehe. Aufwachen muß ich, hinaustreten in den Tag.

Die Liturgie verlagert durch ein winziges Wörtlein den Morgen des Psalmentags in den Morgen der Ewigkeit. Wenn ich »einst« erwache: So formuliert der tagesscheue Introitus. Auferweckung ganz anders als das Aufwachen alle Tage? Auferstehung ganz anders als der Aufstand alle Tage? Sättigung erst am Ende der Zeit? Sattsehen an Gott erst im Tod? Das winzige Wörtlein »einst« ist kaum zufällig in den Psalm hineingerutscht. Dahinter steckt System. Dahinter steckt womöglich Angst. Die kleinliche Angst vor dem morgigen Tag.

Ich aber will mit dem Psalm singen und hier und heute schon aufwachen, Ausschau halten nach deiner Gestalt, Gott. Ich darf mich nicht vertrösten lassen, sondern soll prüfen Tag für Tag, ob und wie in den Konturen des Alltäglichen dein Antlitz erscheint. Aufwachen will ich. Aufwachen soll ich. Aufwachen, aufstehen, Ausschau halten. Nie werde ich ganz satt sein zu Lebzeiten, ich weiß. Aber alle Tage ist der Morgen der Sättigung. Der Schlaf des Gerechten ist recht und gut, doch – er schärft die Sinne nicht, die Sinne für den Morgen der Sättigung.

Andacht vor dem Blumentopf

Ich habe euch nur mit Wasser getauft, er aber wird euch mit dem Heiligen Geist taufen.

Mk 1,8

Andacht vor dem Blumentopf: Sie brauchen mehr Licht.

Frau Roblusch kennt sich da aus. Und ich hatte mich schon gewundert, weshalb die Stengel ihre Hälse so sonderlich reckten und streckten. Das ganze Blumentöpfchen sah mittlerweile traurig aus, unnatürlich. An diesem Standort hat der vierblättrige Klee als Topfpflanze keine Chance. Unverdrossen strecken sich alle Zweige zum Licht hin, aber vergeblich. Es liegt nicht am Wasser. Es liegt am Licht.

Wir werden sie retten, sagt Frau Roblusch, und schneidet unerbittlich alle ab. Dann kommt der Topf ins Südfenster. Es lag wirklich nicht am Wasser.

So viele Getaufte. So viele Verwelkte.
Nicht wegwerfen –
retten!

Bis du wieder auf Quellen stößt

9

Opfer

Jeder Priester steht Tag für Tag da, versieht seinen Dienst und bringt viele Male die gleichen Opfer dar, die doch niemals Sünden wegnehmen können.

Hebr 10,11

Opfer als Routine – das ist mies. Aber Opfer als Opfer? Die Idee eines persönlichen Opfers ist uns fremd geworden. Gewiß, man nennt manchen kleinen Verzicht gern ein Opfer. Eine Gottesdienstbesucherin erläuterte mir einmal, bei jedem Zirkus im Familiengottesdienst wisse man wieder, warum es Meßopfer heißt. Doch ernsthaft – wer bringt noch Opfer dar?

In seinem letzten Film erzählt der russische Regisseur Andrej Tarkjowskij (1932–1986) von Aleksandr, einem alternden Mann, der vor Gott ein Gelübde ablegt, um die drohende Weltkatastrophe aufzuhalten. Aleksandr betet für »alle, die Dich lieben und an Dich glauben, und alle, die nicht an Dich glauben, weil sie blind sind und noch nicht fähig sind, an Dich zu denken, weil sie wohl niemals unglücklich waren, wirklich unglücklich ...«

Weder die routinierte Praxis der Religionsdiener noch die ironischen Bemerkungen zur katholischen Sprachregelung kommen dem Ernst eines solchen Opfers bei. Tarkowskij aber sah in der scheinbar idiotischen Tat Aleksandrs – er zündet zuletzt sein Haus an – ein Zeichen der Hoffnung wie in der Legende vom Wässern des vertrockneten Baumes, die er im Film erzählt. »Weil der Mönch, der entgegen aller Vernunft, jahrelang Eimer um Eimer auf den Berg schleppte, konkret und unbeirrt an das Wunderwirken Gottes glaubte, konnte sich ihm eines Tages auch ein solches Wunder offenbaren – die dürren Zweige waren über Nacht ergrünt« (A.Tarkowskij).

Berg heil!

Ihr seid zum Berg Zion hingetreten, zur Stadt des lebendigen Gottes, dem himmlischen Jerusalem, zu Tausenden von Engeln, zu einer festlichen Versammlung und zur Gemeinschaft der Erstgeborenen, die im Himmel verzeichnet sind; zu Gott, dem Richter aller, zu den Geistern der schon vollendeten Gerechten, zum Mittler eines neuen Bundes, Jesus, und zum Blut der Besprengung, das mächtiger ruft als das Blut Abels.

Hebr 12,22–24

August und September, da ruft mich weder das Blut Abels noch das Blut der Besprengung, da ruft der Berg. Nach oben blickend erkenne ich kein himmlisches Jerusalem, keine festliche Versammlung, sondern im besten Fall ein Gipfelkreuz.

Erwartungsvoller Anstieg. Stunden voller Glück. Wußten Sie, meine Damen und Herren, daß es aufwärts einfacher geht? Hätten Sie das gedacht, daß die eigentlichen Mühen beim Abstieg folgen? Die Angst vor dem Ausrutschen. Die schmerzenden Kniegelenke. Endlich der Wunsch, daheim zu sein, ganz anders als jene Vorfreude auf die lustvolle Gratwanderung. Heimweh.

Das Evangelium meiner Bergfahrten erhebt keine theologischen Ansprüche. Am Berg, ob Zion oder Tribulaun, lerne ich den Unterschied von Himmel und Erde begreifen. Mit schmerzenden Knien, Herr Jesus Christus, betrachte ich das Wunder deines Abstiegs. Daß du von dort kommst, wohin ich will, und daß du dort wohnen wirst, wo ich daheim bin, und daß es dir nicht genügte, bei Gott zu sein ... – Wunder über Wunder!

»Vom Gipfel / seh ich / das Tal meiner Sehnsucht / nach neuen Worten / die den Gott erschaffen« (Rose Ausländer).

Detektive Gottes

Freuen sollen sich alle, die den Herrn suchen.
Sucht den Herrn und seine Macht;
sucht sein Antlitz allezeit!

Ps 105,3–4

Gott suchen. Das ist im Psalm mehr Lust als Last. Gott suchen. Das ist eine der größten Einheitsformeln, weit über die Grenzen der Kirchenökumene hinaus. Beim Finden beginnt bekanntlich das Theater: Hier ist er, nein dort, ich hab ihn! Gott suchen, das ist Anfang und Ende, Alpha und Omega, trotz aller Offenbarung, trotz aller Gewißheit, trotz aller geprägten und gesicherten Fundstellen. Wer das Suchen verunglimpft, sitzt vor dem leeren Grab Gottes, auch wenn er noch so fromm tut.

Unter den Suchenden gibt es Professionelle. Detektive Gottes sind sie, die die Spuren sichern in unserer Welt. Jedes Partikelchen ist ihnen wichtig, jeder Schöpfungskrümel. Sie tragen die Traditionen und Konventionen zusammen, sie gehen Hinweisen nach und analysieren den religiösen Befund ihrer Zeit. Sie machen es vielleicht wie Sherlock Holmes, mühsam, exegetisch, ins Detail verliebt. Andere sind ungeduldiger, unorthodox in ihren Methoden, Columbo und Schimansky, mitunter im bischöflichen Gewand. Auch sie suchen, doch sie wissen längst Bescheid. Wieder andere sind wie Pater Brown. Sie vertrauen vor allem darauf, daß sich Gottes Antlitz im Menschen verbirgt. Sie sehen uns in die Augen, dem Halunken ebenso wie der frommen Helene. Und sie entdecken auf ihre Art, was sich anderen analytisch oder draufgängerisch offenbart: Gott, der sich suchen läßt, überall.

Der Herr des Webstuhls lächelte

Schneller als das Weberschiffchen eilen meine Tage,
der Faden geht aus, sie schwinden dahin.
Denk daran, daß mein Leben nur ein Hauch ist.
Nie mehr schaut mein Auge Glück.

Ijob 7,6–7

Mein Lebensfaden: Nie hatte ich ihn in der Hand. Nie hätte ich ihn verlieren können. Der ihn mir gab, war für ihn zuständig: Gott, der Herr des Webstuhls. Solange er wollte, gab er mir Faden. Solange er einen Sinn in meinem Gewebe erblickte. Als ich bemerkte, wie kurz der Restfaden war, bekam ich's mit der Angst, und versuchte, möglichst viel mit möglichst wenig Faden zu fertigen. Mein Gewebe wurde immer haltloser. Da gab man mich in Pflege. Das bißchen Faden war gerade noch gut genug für mich allein. Ich hielt mich an ihm fest und verzichtete auf weitere Produktion. Ich wurde Raupe. Ich wurde Schmetterling. Und siehe, alles war gut. Der Herr des Webstuhls lächelte. Denn der Sinn meines Lebens war größer als der Sinn meines Gewebes.

Am Ende des Regenbogens

Meinen Bogen setze ich in die Wolken; er soll das Bundeszeichen sein zwischen mir und der Erde.

Gen 9,13

Am Ende des Regenbogens steht ein Topf mit Gold und Edelstein. Der kleine Junge läuft und läuft, bis er ein Einsehen hat mit den Sprüchen der Alten.

»Als wir über den großen Regenbogen / nach Hause wollten, / waren wir sehr müde. // Wir hielten uns an seinem Geländer / und fürchteten, / daß er verblassen könnte.« Soweit Günter Grass in seinem Stück »Hochwasser« (Uraufführung 1957).

Das aber ist der Segen des Regenbogens, daß ich ihn nur kurze Zeit zu Gesicht bekomme. Ein Augenblick, da mir die Ewigkeit in ihrem Farbenspiel einleuchtet. Ein Augenblick, da ich den anderen zurufe: Seht, seht den Regenbogen über der Burg, über dem Tal, ist er nicht schön, kommt auf den Balkon, seht doch. Natürlich wird er verblassen. Wir haben ihn auf Bildern festgehalten, die waren gar nicht so übel. Was wir aber in uns bewahrten, war größer und völlig unhaltbar. Denn es mußte nicht gehalten werden. Es hielt.

Oh, diese vielen Nöte!

In meiner Not rief ich zum Herrn
und schrie zu meinem Gott.
Aus seinem Heiligtum hörte er mein Rufen,
mein Hilfeschrei drang an sein Ohr.

Ps 18,7

Telefon mittags um halb eins. Der Pfarrer läßt die Serviette sinken und schwebt in sein Büro. Pause. Mit sorgenvoller Miene schwebt er zurück ins Eßzimmer. Vikar und Diakon löffeln bedeutungsvoll ihre Hühnerbrühe. Oh, diese vielen Nöte, sagt der Pfarrer, und nimmt wieder Platz. Erwartungsvolle Blicke der beiden jungen Mitbrüder. Wieder einmal wissen sie zu wenig von der harten Welt. Weder Zölibatskummer noch Pastoralstreß sind Pfarrers Nöte, sondern die Probleme der Leute in seinem Viertel. Und da gibt es wirklich nichts, was es nicht gibt.

Mag sein, der Pfarrer ist ein Spezialist. Gott ist keiner. Gott ist für alle da. Für Leukämie und Bulimie, für Paare, die sich nicht finden können, und Paare, die sich nicht trennen können, für Picklige und Bucklige, für Fetischisten und Moralisten, für Stotterer, Linkshänder und Transvestiten. Für die, die zu viel Geld haben, und für die, die zu wenig Geld haben. Gott ist der, der sich überall gut auskennt. Es gibt nämlich nichts, was nicht aus seiner Hand entsprungen wäre. Diese problematische, widersprüchliche, hartherzige, streitsüchtige, wunderschöne Welt ist Gottes Schöpfung. Deshalb schreit jeder Kummer zum Himmel.

Und allen ist Gott Heil. Und allen ist Gott Herr. Und allen ist Gott Gott. Und indem wir uns hineinknien in die Nöte – und seien sie noch so abstrus, unappetitlich und kriminell – , knien wir immer schon vor Gott.

Hinz Kunz und das Weizenkorn

Amen, amen, ich sage euch: Wenn das Weizenkorn nicht in die Erde fällt und stirbt, bleibt es allein; wenn es aber stirbt, bringt es reiche Frucht.

Joh 12,24

Oft gestorben, oft auf Frucht gewartet, oft enttäuscht. Die Mechanik des Wunders hat nicht gut funktioniert. Und jedem Abschied wohnt ein Zauber inne? Er weiß es besser. Er traut dem Sterben nicht mehr über den Weg. Und doch weiß er kein stärkeres Wort in den Stunden, da er ins Bodenlose fällt. Seine Frau und seine Kinder, keiner hält ihn mehr. Die Nachbarn? Verräter. Die Kirche? Sieht alt aus. Er fällt und hofft und weiß, wie fruchtlos das alles ist. Er ist nämlich nicht selbst das Weizenkorn, das stirbt. Das Geheimnis des Glaubens hat der mehrfach Gestorbene erst dann kapiert, wenn er selbst nichts mehr zu ernten hat. Das Geheimnis des Glaubens ist kein biologischer Prozeß, kein Stirb-und-Werde, keine Mechanik des Wunders. Das Geheimnis des Glaubens ist das Geheimnis des Glaubens.

Nur eins hat er sich für den Rest der Jahre vorgenommen: der Verwechslung von Christus und Hinz und Kunz ein Ende zu bereiten. Er, Hinz Kunz, wolle endlich erlöst werden und nicht mehr erlösen müssen. Mit dem Sterben, so sagte Hinz Kunz seinen Lieben, mit dem Sterben ist es wie mit dem Singen. Man muß es können. Ich kann's nicht gut, sagte Hinz Kunz. Auch ich bin nur ein Weizenkorn, aber nicht das, auf das ihr blicken sollt. Und er versuchte zu lächeln.

Zungenreden

Denn sie hörten sie in Zungen reden und Gott preisen.

Apg 10,46

»Du, der die Zungen reden macht.« Unter der urkirchlichen Praxis des Zungenredens versteht man bis hinein in Sekten und charismatische Abenteuer unverständliches Lallen. Als ob das die einzige Möglichkeit des Heiligen Geistes wäre, Zungen zum Reden zu bringen. Könnte es auch ein intelligentes Zungenreden geben, wo wir bei Trost sind und uns dennoch dem Wirken des Heiligen Geistes überlassen? Ich spreche vom Predigen, näherhin vom Improvisieren.

Gottes Schöpfermacht ist als ordnende Kraft im Chaos gegenwärtig. Wie soll uns sein Geist nicht helfen, zu sprechen und zu predigen, sinnvoll, attraktiv, klar. Nach einer Überlegung von Max Frisch beginnt die Offenbarung »droben, wo es hell wird«. Womit nun nichts gegen raunendes Zungenreden gesagt sein soll. Aber ich möchte die Kunst der Improvisation unter dieser Rubrik der Spiritualität gewürdigt wissen. Wer einmal einem Jazzmusiker zugehört (und zugeschaut, mitgeklopft) hat, weiß um die Kraft des freien Schaffens. Am Anfang ist das Thema. Doch wer gibt das Thema? Weil der Geist weht, wo er will, genügt weder das Programm des Kirchenjahrs noch der Zettelkasten, weder das homiletische Handbuch noch eine Hörerbefragung. Ich bin mir aber sicher – und das treibt den Preis der freien Predigt ins Unerschwingliche! – , unsere Hörer und wir selbst merken unmißverständlich, wes Geistes Kind wir sind. Und er hilft unserer Schwachheit auf.

Keine Angst vor Berührungen

Im selben Augenblick fühlte Jesus, daß eine Kraft von ihm ausströmte, und er wandte sich in dem Gedränge um und fragte: Wer hat mein Gewand berührt?

Mk 5,30

Es ist zum Aus-der-Haut-fahren, sagt man gelegentlich, und wie so oft verrät die Sprache mehr, als uns lieb ist. Die Haut ist Hülle, Grenze, Schutz. Wenn sie krank oder verletzt ist, bin ich wehrlos. Dickhäuter gibt es und Dünnhäuter, aber davon will ich hier nicht reden. Reden will ich von wohligen Gefühlen, von Berührungen, von Nähe und Distanz, von dem, was du durchs Gewand noch spürst, wenn du denn willst.

Auf die Frage, was ihnen zum Thema »Sexualität und Kirche« einfällt, ernte ich bei vielen Zeitgenossen (und nicht nur bei Jugendlichen) ein müdes Lächeln. Weil ich als katholischer Priester vermutlich genug eigene Last zu tragen habe, lassen sie ihren bösen Spott beiseite. Seit sie einen Blick ins Klerikerbuch geworfen haben, haben sie mit uns Mitleid. Wie wäre es, wenn wir einmal zur Gegenoffensive starten, im Glauben an die gottgewollte gute Schöpfung, wo der Name Eden nicht nur eine schlüpfrige Bar bezeichnet? Wir lesen miteinander in den Evangelien und führen skeptische Zeitgenossen in die immer noch überraschende Begegnung mit einem so gar nicht verklemmten Jesus. Jedenfalls reagiert er auf Berührung. Sein Gewand ist dünn genug, Energie strömen zu lassen. Und siehe, da werden Menschen heil.

Sammlerwert

Ich selbst aber sammle den Rest meiner Schafe aus allen Ländern, wohin ich sie versprengt habe. Ich bringe sie zurück auf ihre Weide; sie sollen fruchtbar sein und sich vermehren.

Jer 23,3

Wir Jäger und Sammler, wir verstehen. Uns muß man sie nicht zweimal erklären, die Logik der sammelnden Liebe Gottes, seinen Eifer, die ganze Serie bei sich zu haben, die hohen und die niederen Werte, komplett also, dich und mich, uns alle. Er sammelt, denn er kennt unseren Wert, wenn wir vollständig sind. Bei allem Wert der Individualität: Kostbarer sind wir im Ensemble. Dazwischen Raritäten, Fehldrucke, Ausnahmen. Auch sie wollen gesammelt sein.

Gut, daß du die Welt nach uns absuchst, Tag für Tag, Nacht für Nacht, großer Sammler, Gott. Gut, daß du dich nicht zufrieden gibst, wenn nur Teile bei dir ankommen, der heilige Rest, die 144.000 Besonderen, die Braven und Frommen, die Engagierten und Konsequenten. Das ist noch nicht dein Himmel, wenn da noch Lücken sind. Denn du brauchst uns, die wir zur Serie gehören, zu deiner Serie, geschaffen nur zu einem Zweck, uns einmal liebevoll heimzuführen.

Bis du wieder auf Quellen stößt

Der glühende Sand wird zum Teich
und das durstige Land zu sprudelnden Quellen.

Jes 35,7

Immer aus dem Vollen schöpfen? Geht das?
Wenn der Brunnen leer ist, was dann?
Dann geh durch die Wüste
zum nächsten Brunnen.
Oder grabe mit deinen eigenen Händen.
Grabe dich durch,
bis du wieder auf Quellen stößt.
Da sind Quellen.
In dir,
in deiner Umgebung,
unter dem Geröll.
Gib dich nicht geschlagen.
Aber bleib nicht stehn mit leeren Händen.
Nur einer braucht dich mit leeren Händen: Gott.
Die anderen brauchen deine Fülle.

Wir werden sehen

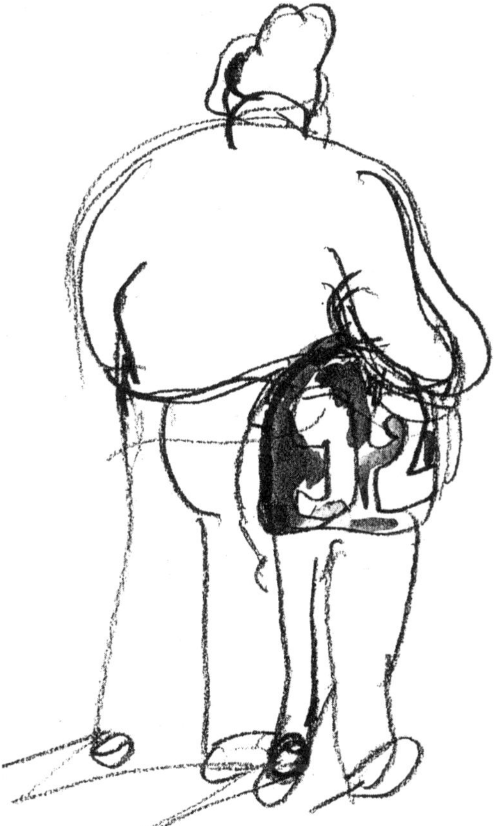

Der steinerne Gott

Doch Gott, der Herr, wird mir helfen;
darum werde ich nicht in Schande enden.
Deshalb mache ich mein Gesicht hart wie einen Kiesel;
ich weiß, daß ich nicht in Schande gerate.

Jes 50,7

Von Michelangelo heißt es, er habe in den Adern des Marmors bereits die lebendige Gestalt gesehen. Der Bildhauer liebt den Stein, den Widerstand, um sich hineinzuschlagen. »Über alles liebe ich es, Stein zu sein.« Bis der David vor uns steht. Die Pieta. Steine wirken beständig, gelten als sicher. Aber auch Stein kann verwittern, zerstört werden. Dennoch wissen wir kein härteres Symbol. Ein versteinertes Gesicht tut weh und ist doch dem Träger ein Schutz in übergroßer Trauer. Der leidende Gottesknecht im Buch Jesaja spricht: »Gott, der Herr, steht auf meiner Seite. Deshalb mache ich mein Gesicht hart wie einen Kieselstein und halte alles aus.« Gott im Stein?

Bei einem Meditationskurs empfahl man mir, auf einem Stein zu liegen, bis er nicht mehr schmerzen würde. Ich bin kein Fakir. Es tat lange weh. Doch allmählich gehörte der Stein dazu, war einverleibt. Ich bin kein Freund solcher Experimente. Der Interpretationseifer im Verlauf jener eindringlichen Übungen blieb mir fremd. Und doch verstehe ich das Erlebnis unmittelbar. Du mußt nicht ausweichen, sagte die Stimme, sondern sollst lernen, Härten und ihren Schmerz liebevoll anzunehmen. Wer Gott im Versteinerten sucht, in Granit und Widerstand, bekommt es mit der schmerzlichen Härte des Lebendigen zu tun.

In deiner Haut stecken

Wenn sich auf der Haut eines Menschen eine Schwellung, ein Ausschlag oder ein heller Fleck bildet, liegt Verdacht auf Hautaussatz vor. Man soll ihn zum Priester Aaron oder zu einem seiner Söhne, den Priestern, führen.

Lev 13,2

Daß die jüdischen Reinheitsgebote klug waren, klug und hart, kann kaum bestritten werden. Daß sich Jesus später souverän zeigte, souverän und barmherzig, ist kein Argument gegen eine vernünftige Gesundheitspolitik, sondern ein Argument für die Liebe, die größer ist als alle Maßnahmen. Liebe ist keine Maßnahme.

Zurück zur Haut. Zurück zur Oberfläche. Zurück zu dem, was sich zeigt. Deine Haut ist deine Sichtbarkeit. Wenn du sichtbar krank bist, sichtbar gefährdet, sichtbar gefährlich, dann wird man etwas unternehmen. Wenn man dich von außen als Elenden erkennt, dann wird man eingreifen. Und es wird womöglich zu spät sein. Man wird dich vielleicht aus dem Verkehr ziehen. Deine Haut verrät dich. Deine Haut. Solange sie schön war, glatt und samtig, streichelweich zum Schmusen, war es ja auch eine Lust mit dir. Mit dir? Nein, aber mit deiner Haut.

In deiner Haut aber steckst du. Ich möchte, sagt der andere, ich möchte nicht in deiner Haut stecken. Und er versucht zu lächeln. Denn deine Krankheit ist zum Tod. Und die Besucher halten Abstand.

Das große Los

Dann gaben sie ihnen Lose; das Los fiel auf Matthias, und er wurde den elf Aposteln zugerechnet.

Apg 1,26

Das also war das große Los: Apostel sein. Eine schwere Nachfolge, nicht nur Nachfolge Jesu, auch Nachfolger des Judas. Ob dessen Schatten noch mächtig ist? Ich stelle mir Matthias ängstlich vor.

Nun also schlägt's in deinem Leben 13. Du bist der 13. Apostel, Matthias. Damit die Schrift erfüllt werde und die symbolträchtige Zahl der Zwölf wieder vollständig sei. Lückenbüßer bist du, und dein Vorgänger war zum Verräter geworden und hatte sich das Leben genommen. Ein großes Los? Ein hartes Los. Die anderen beten: »Du, o Herr, kennst die Herzen aller. Zeige, wen von diesen beiden du erwählt hast, diesen Dienst und dieses Apostelamt zu übernehmen.« Und das Los fällt auf dich, Matthias. Die anderen gratulieren dir. Habemus Papam oder so ähnlich. Sie haben einen Dummen gefunden, sagst du manchmal, wenn es nicht gut läuft. Warum gerade mich, warum keinen anderen, fragst du, denn die Last des Amtes ist zu viel. Da kommen die Journalisten zum Interview gerade recht. Warum hat es mich getroffen, Herr, bei der großen Ziehung, warum? Ich bin Matthias, der Lückenbüßer, der Dumme. Ist der Zirkus noch so klein, einer muß der August sein. Nie wieder Lotterie, Herr, das kann ich dir sagen. Zuletzt wartet der Tod: Beil oder Kreuzigung, was mich betrifft. So viel habe ich kapiert vom großen Los.

Schlachtfest

Würdig ist das Lamm, das geschlachtet wurde, Macht zu empfangen, Reichtum und Weisheit, Kraft und Ehre. Ihm sei die Herrlichkeit und die Macht in alle Ewigkeit. Amen.

Offb 5,12; 1,6

Der streitbare evangelische Theologe Helmut Gollwitzer beschrieb seine christliche Berufung einmal so: »Er schickt mich als ein Lamm unter die Wölfe und in diese wölfische Welt. Ich sage darauf zu ihm, das will ich nicht, denn erstens hat ein Lamm unter Wölfen keine Chance, und zweitens bin ich kein Lamm, sondern auch ein Wolf, genau wie wir alle hier mit unseren schönen Worten ...«

Das Königtum Christi in der jämmerlichen Gestalt des Lammes: das ist unsere Hoffnung. Sie blutet noch, die Hoffnung. Sie zuckt und windet sich. Sie weiß, daß ihr Triumph oft in der Niederlage besteht. Sie weiß, daß sie sich auf nichts anderes gründet als die Zusage dessen, der selber wie ein Lamm zur Schlachtbank geführt wird. Sie weiß aber auch, daß es nichts Stärkeres gibt unter der Sonne als die Hoffnung der Lämmer.

Gollwitzer zu seinem Herrn: »Wenn ich für dich da bin, wer ist für mich da? Und darauf sagt er: Ich bin für dich da. Daß Jesus für uns da sein kann, für die Lämmer, die er unter die Wölfe schickt, soviel habe ich verstanden vom Evangelium.«

Gottverlassen

Herr, verlaß mich nicht, bleib mir nicht fern, mein Gott!
Eile mir zu Hilfe, Herr, du mein Heil!

Ps 38,22–23

Wer ist wem fern? Die Gottgewissen gehen mitunter davon aus, daß sich andere – mutwillig – entfernt haben. Das Konzept der Evangelisierung will die sogenannten Fernstehenden mobilisieren, die alten und neuen Heiden in Europa beispielsweise. Das ist verdienstvoll, sofern es um Nähe und Distanz zur Kirche geht. Verhängnisvoll ist es aber, wenn dabei auch Nähe und Distanz zu Gott organisiert werden sollen. Denn in dieser Beziehung sind wir ziemlich ohnmächtig. Dem Psalmensänger jedenfalls ist schmerzlich bewußt, daß sich möglicherweise Gott selbst entfernt, trotz aller Gebetsbemühung, trotz aller menschlichen Geistesgegenwart.

Unter uns Menschen ist es leicht dahingesagt: Wer sich auf dich verläßt, ist bald verlassen. Wir kennen unsereiner. Bei Gott dagegen gibt es keinen Wankelmut. So hat man es uns beigebracht. So haben wir es internalisiert. So hätten wir's gern. Aber weil wir Gott und den Nächsten in derselben Weise lieben wollen, mischen sich Fragen ins große Vertrauen. »Warum hast du mich verlassen?«

Die Möglichkeit, daß Gott sich von uns entfernt, macht beklommen. Doch gerade sie gehört zur Vitalität unserer Beziehung. Kommen, Gehen, Haben, Nichthaben, Umarmen, Loslassen, Spüren, Vermissen. Advent ist unser Ernst. Nicht nur liturgische Routine. Gott läßt wieder mal auf sich warten. Wir werden sehen.

Herrlichkeit im Zwielicht

Alles, was du uns getan hast, o Herr, das hast du nach deiner gerechten Entscheidung getan. Denn wir haben gesündigt, wir haben dein Gesetz übertreten. Verherrliche deinen Namen und rette uns nach der Fülle deines Erbarmens.

vgl. Dan 3,31–42

Meine Wege sind nicht eure Wege. Meine Gesetze sind nicht eure Gesetze. Eure Gesetze sind Kompromisse. Eure Gesetze sind variabel. Eure Gesetze sind gut, wenn es gute Gesetze sind, aber sie sind nie meine Gesetze. Vergeßt das nicht, wenn ihr euch anschickt, die Exekutive zu stärken.

Du aber hörst unser Stöhnen, seufzt da das bedrängte Herz. Uns ist das alles nicht ganz klar, Herr. Deine Gesetze, Herr, unsere Gesetze, Herr, unrein, unrein! Sogar die Bischöfe räumen ein, daß es nicht klappt mit unseren guten Absichten. Die Ehen, die Scheidungen, die Kinder, die Schulden, die Einsamkeiten, erbarme dich unser!

Mein Erbarmen ist nicht euer Erbarmen. Mein Erbarmen ist größer, unsagbar groß. Wäre euer Erbarmen meinem Erbarmen nachempfunden, wie leicht wäre es, meine Gesetze zu halten. Und ihr bräuchtet kaum Richter, kaum Anwälte, kaum Polizisten, vielmehr Ärzte und Seelsorger, Erzieher und Lehrer, Schwestern und Brüder.

Aber der Mensch wird trauern

Selig die Trauernden; denn sie werden getröstet werden.

Mt 5,4

Trost? Wir doch nicht. Keine Vertröstung, sagten wir und fegten den Trost gleich mit vom Tisch. Keinen billigen Trost, sagten wir, doch da war dann auch kein teurer. Trostlos blieben wir, und es gab nichts zu weinen, also auch nichts zu lachen.

»Aber der Mensch wird trauern – / Masse, muskelstark / Cowboy und Zentauern, / Nurmi als Jeanne d'Arc...« (Gottfried Benn, Qui sait). Paavo Johannes Nurmi war finnischer Leichtathlet, lief zwischen 1922 und 1931 22 anerkannte Weltrekorde auf den Strecken zwischen 1.500 und 10.000 Meter. Und Jeanne d'Arc, eigentlich Jeanne la Pucelle, die »Reine, Unschuldige«, die charismatische Befreierin von Orléans, Opfer von Intrigen, hingerichtet auf dem Scheiterhaufen. Täter, Opfer, Sieger, Verlierer, Stärken, Schwächen, Glanz und Elend. Aber der Mensch wird trauern. Auch der, der sich nicht trösten lassen wollte.

Zweimal findet Jesus Trost auf der Via Dolorosa. Das Taschentuch der Veronika und die Marscherleichterung dank Simon von Zyrene. Jesus nimmt beides an. Nur das Gejammer der Weiber kann er nicht leiden. Das tröstet auch nicht. Das macht das Herz nur schwer. Trauer und Trost gehören eigentlich zusammen. Als wir sie trennten, wurden beide krank. Und das ist nicht einmal für uns Langstreckenläufer, Langstreckenzweifler gut.

Vom Staunen

Deiner Macht ist das All unterworfen, Herr,
und niemand kann sich dir widersetzen.
Denn du hast Himmel und Erde gemacht
und alles, was wir unter dem Himmel bestaunen.
Du bist der Herr über alles.

Est 13,9.10–11

Alles beginnt mit dem Staunen.
Alles endet mit dem Begreifen.
Wir sind irgendwo dazwischen.

Als wir das Feuer kapiert hatten, das Rad, den Bildschirm, war längst nicht alles aufgeklärt, Gottlob noch nicht. Der Erdenwürmlein differenzierte Betrachtungsweisen führten zu Teilerfolgen. Man kriecht nicht mehr, man steht.

Wie aber kommt es, daß uns so vieles nur auf den Knien einleuchtet?

Der Schmerz des Himmels

Dann erschien ein großes Zeichen am Himmel: eine Frau, mit der Sonne bekleidet; der Mond war unter ihren Füßen und ein Kranz von zwölf Sternen auf ihrem Haupt. Sie war schwanger und schrie vor Schmerz in ihren Geburtswehen.

Offb 12,1–2

Sie war schwanger, und sie schrie. Sie schreit immer noch. Maria? Die ewige Frau? Mutter Erde? Die Schöpfung schreit. Und wenn wir uns dem Himmel öffnen, hören wir nicht nur der Englein Lobgesang. »Alles was man vergessen hat, schreit im Traum um Hilfe« (Elias Canetti).

Solange die Erde um Hilfe schreien muß, können die Himmlischen nicht selig sein. Maria, Gottesgebärerin, bitt für uns. Heiliger Judas Thaddäus, Patron aller hoffnungslosen Fälle, bitt für uns. Alle Märtyrer und Opfer, alle Namenlosen und Zukurzgekommenen, bittet für uns. Schreit für uns. Schreit für uns vor Gott!

Es wird auf Erden zu viel geschrien. Doch was wird aus den Schreien? Der rumänische Lyriker Mircea Dinescu machte eine grauenvolle Entdeckung: »jene die in die trompeten des nichts blasen / verbrauchen die luft meines aufschreis« (Exil im Pfefferkorn).

Weil das so ist, müßt ihr im Himmel mit uns schreien, hört ihr, schreien!

Brot, Brot, Brot

Ich bin das lebendige Brot, das vom Himmel herabgekommen ist. Wer von diesem Brot ißt, wird in Ewigkeit leben. Das Brot, das ich geben werde, ist mein Fleisch, für das Leben der Welt.

Joh 6,51

Daß ihnen das Brot ausging, erzählt die Bibel oft, und daß sie den Herrn erkannten am Brotbrechen. Aber was Jesus dann noch sagte, ging uns zu weit. Wir sind doch keine Kannibalen, hieß es da, und können kein Blut sehen. Wir sind doch keine Menschenfresser. Wir tun keiner Fliege was zuleide. Und man war entrüstet, denn keiner wollte wahrhaben, wie Nahrung und Töten, Fressen und Gefressenwerden zusammenhängen. Später dann, als das Leben am Kreuz hing, erkannten sie ihn an seiner gebrochenen Existenz. Das hat er für uns getan, begannen sie aus sicherem Abstand heraus zu formulieren, ahnungsvoll, Jahre danach. Und sie feiern bis heute im Zeichen des Brotes die unfaßbare Geschichte von einem Menschen, der sich freiwillig verzehren ließ.

Und wo, fragt mich einer, gibt es dieses Brot? Meinst du am Ende nur die kleinen weißen Hostien? Das ist die Feier, sage ich und versuche, den Vorwurf zu überhören. Wir feiern in unseren Kirchen, was damals geschah, daß einer Brot war für die vielen. Und für mich, fragt er weiter, der ich dem nicht ganz folgen kann, wer wird für mich das Brot sein? Bist du es auch, Brotbesitzer?

»Mein Gott, laß mich sein wie gutes Brot und sprich dann über mich die Worte der Wandlung« (Maurice Blondel).

Ich schnapp nach Luft, ich schnapp nach dir

Vernimm, o Herr, mein lautes Rufen;
sei mir gnädig, und erhöre mich!
Du bist meine Hilfe. Verstoß mich nicht,
verlaß mich nicht, du Gott meines Heiles!

Ps 27,7.9

Wenn Gott einer ist, von dem ich nicht verlassen werden will, dann kenne ich erstens Gott und zweitens die Verlassenheit. Sie ist der erste große Schmerz, den wir kennenlernen, und wir schreien ihn hinaus, was so viele nur als Luftschnapper des Neugeborenen abtun. Andrerseits: wenn auch unser Schmerzschrei der Verlassenheit nichts anderes wäre als der Luftschnapper von Neugeborenen? Du Gott meines Heiles!

Nach Augenblicken beruhigender Nähe, gerade noch hast du die Hand gespürt, die Hand der Geliebten, die Hand des Pflegers, die Hand, die dein Zittern umfing, da löst sie sich, die Hand. Gerade noch umfangen, jetzt ausgestoßen. Gerade noch Betlehem, Nazaret, der kleine drollige Jesus, der so hübsch Hebräisch lernt und dem Papi in der Werkstatt zur Hand geht, der so lieb lächeln kann und sich an Marias Rockzipfel hängt: schon hat er sich gelöst, siehst du, schon müssen wir ihn suchen, siehst du, schon hängt er am Kreuz, siehst du, hörst du, wie er schreit? Was hätten wir denn tun sollen!

Gottverlassen. Gestern noch waren wir daheim. Heute schon sind wir Ausgestoßene. Und morgen? Du Gott meines Heils, ich schnapp nach Luft, ich schnapp nach dir.

Mist und Mystik

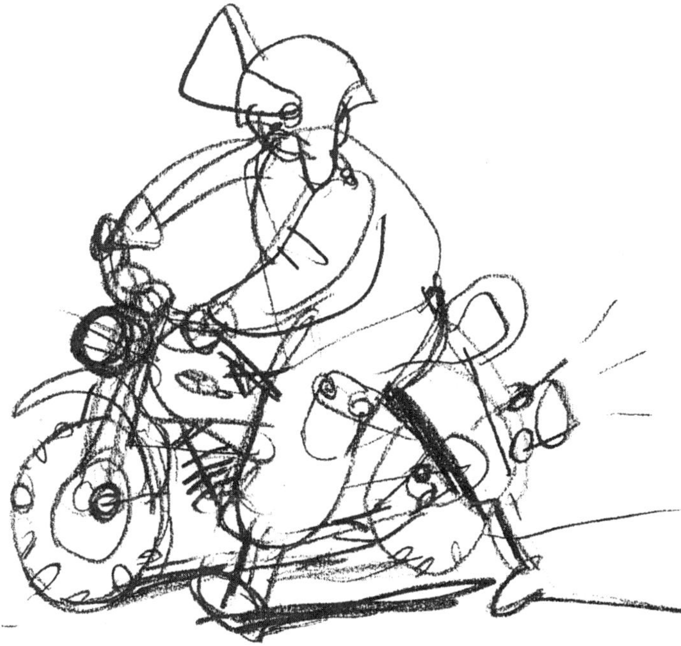

Mist und Mystik

Amos antwortete Amazja: Ich bin kein Prophet und kein Prophetenschüler, sondern ich bin ein Viehzüchter, und ich ziehe Maulbeerfeigen.

Am 7,14

Langer Rede kurzer Sinn: der Kerl ist aus Hinterpfuiteufel. Keine Bildung, keine Manieren. Und das Schreiben und das Lesen ist nie sein Fach gewesen? Weit gefehlt. Der Mann hat literarisch was drauf. Seine Kritik wird klar sein, sein Angriff präzise, seine Beispiele ätzend. Amos kommt von außen. Das macht ihn stark und interessant. Er droht, denn er sieht. Er sieht, was faul ist. Maulbeerfeigenzüchter kennen sich da aus.

Propheten, Priester, Könige: drei Figuren im großen Spiel der Heilsgeschichte. Propheten lassen sich am wenigsten organisieren. Wenn sie da sind, sind sie da: lautstark, deutlich, ärgerlich. Von einem Pater in Graubünden weiß ich, der zum Schrecken seiner Zunft und zum Staunen seiner Dorfgemeinde Bibel und Ökologie zusammensah und über Mist und Mystik sprach. Jajaja, sagten dann die Herren hinterm Schreibtisch, der grüne Pater hat gut reden.

»Wenn die Propheten einbrächen / durch die Türen der Nacht / und ein Ohr wie eine Heimat suchten – // Ohr der Menschheit, / du nesselverwachsenes, / würdest du hören?« (Nelly Sachs).

Ora et labora

Als wir bei euch waren, haben wir euch die Regel eingeprägt: Wer nicht arbeiten will, soll auch nicht essen. Wir hören aber, daß einige von euch ein unordentliches Leben führen und alles mögliche treiben, nur nicht arbeiten. Wir ermahnen sie und gebieten ihnen im Namen Jesu Christi, des Herrn, in Ruhe ihrer Arbeit nachzugehen und ihr selbstverdientes Brot zu essen.

2 Thess 3,10–12

Arbeiten! »Schaffen« heißt das bei uns. Morgens um sechs geht das schon los, und bis unsereiner frühstückt, macht der richtige Arbeiter bereits die erste Pause. Und um vier, halb fünf spätestens ist bei ordentlichen Leuten, die etwas schaffen, Feierabend. So ist das bei uns.

Was für ein Verhängnis, die Gleichsetzung von Arbeit und Fron, Arbeit und Arbeitnehmerschaft, Arbeit und Stundentarif, Arbeit und Abhängigkeit. Marx war wohl nicht der erste – und hoffentlich nicht der letzte, – der gemerkt hat, daß hier die Sinnfrage liegt. Arbeiten könnte göttlich sein. Mitwirkung in der Schöpfung, Bauarbeiten in der Werkstatt unseres Heils, verantwortlich für die neue Erde, wenn nicht gar für den neuen Himmel, Segen statt Fluch, Selbstverwirklichung, ohne zu vergessen, daß da einer mit uns am siebten Tag zur Ruhe kommt und weiß, daß alles sehr gut ist. Zu solchem Arbeiten wollen wir befreit sein.

Der Herr des Weinbergs sucht Arbeiter, aber Tarifrunden und Stechuhr sind ihm fremd. Nicht als ob Geld und Lohn verwerflich wären. Aber da springt der Sinn nicht auf, sonst müßten die Vollbeschäftigten, die Gestreßten, die Großverdiener sehr glücklich sein. Entfremdung hieß das Stichwort, als man daran ging, sich des Arbeiterelends zu erbarmen. Seliger Adolf Kolping, du weißt, wovon ich rede.

Enthüllungen

Singet dem Herrn ein neues Lied;
denn er hat wunderbare Taten vollbracht
und sein gerechtes Wirken enthüllt vor den Augen der Völker.

Ps 98,1–2

Enthüllungen sind angesagt, Reality-TV, nackte Wahrheiten aus Staatskanzlei und Vatikan, Affairen und Skandale. Mit der guten Nachricht allein kann man den Laden zumachen. Spötter behaupten, manche Beichtväter müßten den Rückgang der Ohrenbeichte durch gewisse Fernsehsendungen kompensieren. Pfuikuckuck, was sind wir doch für menschliche Menschen.

Die Enthüllungen Gottes sind sensationell. Er enthüllt sein gerechtes Wirken. Das ist der Witz der Offenbarung. Am Ende der spekulativen Schleiertänze steht nicht die Schweinerei, sondern die Gerechtigkeit. So ist das mit den Enthüllungen Gottes. Und wenn Gott nichts mehr an hat, ist unsere nackte Existenz nicht mehr so beschämend. Der, der uns nach seinem Ebenbild erschaffen hat, enthüllt auch unser gerechtes Wirken. Hinter den Fassaden von Saubermann und Lumpenhund kommt endlich jenes Wesen zum Vorschein, an dessen Integrität nur einer wirklich glaubt: Gott.

Wir enthüllen, um zu beschämen. Du enthullst, um zu retten.

Im Haus des kinderreichen Gottes

Ein Vater der Waisen, ein Anwalt der Witwen
ist Gott in seiner heiligen Wohnung.
Gott bringt die Verlassenen heim,
führt die Gefangenen hinaus in das Glück;
doch die Empörer müssen wohnen im dürren Land.

Ps 68,6–7

Nun wissen wir also, wie es bei Gott daheim zugeht. Waisen, Waisen, Witwen. Kindergeschrei und Gekrabbel charakterisierten Gottes gute Stube. Die heilige Stätte ist nämlich eine Wohnung. Wenn das Gotteshaus seinen Namen verdient, wird es zwar nicht ständig Jugendherberge und Kindergarten sein, aber ein Durchgangswohnheim ist es allemal: In jeder Kirche Kirchenasyl!

Die Erwartungen an die Qualität der heiligen Stätte sind groß und widersprüchlich. Stille, so sagen lärmgeschädigte, streßgeplagte Zeitgenossen, Stille und Beschaulichkeit suchen wir in erster Linie, Konzentration und Meditation. Ihr Gotteshaus ist immer ihr Menschenhaus. Einen Unterschlupf, ein Dach über dem Kopf, vorläufige Sicherheit vor Brandanschlägen und Abschiebung, das suchen andere. Die Verwaisten unserer Zeit haben viele Gesichter. Um ihrer Ruhe und Sicherheit willen: öffnet die Tore weit! Denn das Gotteshaus ist auch für sie ein Menschenhaus, womöglich das einzige.

Gottes Linke

Über deine Huld, o Gott, denken wir nach
in deinem heiligen Tempel.
Wie dein Name, Gott, so reicht dein Ruhm bis an die Enden der Erde;
deine rechte Hand ist voll von Gerechtigkeit.

Ps 48,10–11

Du bist der Gott der Mehrheit. Bist du der Gott der Mehrheit? Die Mehrheit schreibt mit der rechten Hand. Hin und wieder ist die Mehrheit überhaupt rechts, denkt rechts, wählt rechts. Manchmal sogar rechts außen, doch da sollen sich die C-Politiker distanzieren. Und schämen. Aber wenn die Rechte voller Gerechtigkeit wäre, was dann?

Die Rechte Gottes, mein Lieber, nur die rechte Hand Gottes ist gemeint. Du kleiner Linker, möglicherweise braucht er auch dich, er, der Herr der Hände. Es ist nicht so, wie du manchmal im Text aufsagst, daß Christus keine Hände hat. Er hat eigene Hände und zieht dich manchmal aus dem Sumpf, aus dem linken, aus dem rechten. Er hat eigene Hände, denn er handelt wunderbar. Er hat aber auch deine Hände, die linke und die rechte. Er bringt mit deinen Händen Liebesbriefe und Mahnschreiben unters Volk. Er interessiert sich nicht zuerst für die parteipolitische Schublade deines Handelns, sondern will, daß auch deine Hand voll ist von Gerechtigkeit. Nicht voll von Blut, nicht voll von Profit, meinetwegen dreckverschmiert und unentschlossen, wie so oft, aber eben doch: voller Gerechtigkeit. So mag deine Linke seine Rechte sein, wenn du nur glaubst.

Du stehst vor ihm mit leeren Händen. Er aber steht vor dir mit vollen Händen und schüttet aus seine Gerechtigkeit. Daran werden sie erkennen, wessen Hand du bist. Und: in wessen Hand du bist.

Die Internationale der Güte

Hilf uns, Herr, unser Gott,
führe uns aus den Völkern zusammen!
Wir wollen deinen heiligen Namen preisen,
uns rühmen, weil wir dich loben dürfen.

Ps 106,47

Der Jude Jefrim wird während der russischen Bürgerkriegswirren (nach der Oktoberrevolution) gezwungen, eine schwangere Kommissarin der Roten Armee zu beherbergen. Das Flintenweib bringt – unter den Fittichen von Jefrim und seiner Familie – ihr Kind zur Welt. Doch der Krieg geht weiter, und das Glück der Barmherzigkeit scheint nur im (jüdischen!) Winkel zu gedeihen. Soweit die Fabel von Aleksandr Askoldows Film »Die Kommissarin«, 1967 gedreht, aber erst 1988 fertiggestellt.

Selim: »Ich bin für eine Internationale der Güte. Da müssen sich die Juden nicht in Kellerlöchern verstecken.« Oben Kanonendonner. Unten weinen die Kinder im Keller. Selim bringt sie zum Tanzen: »Alles renkt sich ein.«

Von dieser Hoffnung lebt die Erde. Auf dieses Ziel hin feiern wir unsere Liturgie. Bis wir aus allen Völkern zusammengeführt sind zur »Internationale der Güte«, starren wir oft bang auf die Nationale der Habgier. Und doch kommt alles darauf an, diesem Sog ins 19. Jahrhundert zu widerstehen.

Gebet für die Polizei

Vor allem fordere ich zu Bitten und Gebeten, zu Fürbitte und Danksagung auf, und zwar für alle Menschen, für die Herrscher und für alle, die Macht ausüben, damit wir in aller Frömmigkeit und Rechtschaffenheit ungestört und ruhig leben können. Das ist recht und gefällt Gott, unserem Retter; er will, daß alle Menschen gerettet werden und zur Erkenntnis der Wahrheit gelangen.

1 Tim 2,1–4

Wie mag dieser Text in einem Vietnamesenwohnheim lauten? Und das Gebet für alle, die Macht ausüben, für Innenminister und Polizeipräsidenten, wie mag sich dieses Gebet bei Asylsuchenden aus Rumänien anhören? Wie mag es klingen in Gottes Ohren, wenn aus seiner Kinder Mund wieder einmal nicht das Loblied erschallt, sondern der vielsprachige Hilferuf – und die so selten von Herzen kommende Fürbitte für die Obrigkeit?

Viele Flüchtlinge haben sich unserem demokratischen System anvertraut. Sie suchen endlich einmal im Leben Ruhe und Sicherheit, law and order. Sie sind zu uns geflohen, doch nun müssen wir mit ihnen für die Ordnungskräfte beten, für Polizisten und Grenzschutzsoldaten, für Bürgerinitiativen und Parlamentarier. Krawallnächte unterstreichen den guten Rat des Apostelbriefs. Wo Brandbomben fliegen und Nachbarn applaudieren, leidet das Reich Gottes ebenso Gewalt wie dort, wo Menschenrechte von Tyrannen mit Füßen getreten werden.

Man kann an unserem demokratischen Rechtsstaat viel kritisieren. Man kann auf Defizite und Ungerechtigkeiten hinweisen. Man kann aber auch – und zwar flankierend zu aller Systemkritik! – für eben diesen Staat und seine Exekutive beten. Und zwar nicht nur am Karfreitag bei den großen Fürbitten.

Schlupfwinkel der Gewalt in unserem Land

Voll von Schlupfwinkeln der Gewalt ist unser Land.
Laß den Bedrückten nicht beschämt von dir weggehn!
Arme und Gebeugte sollen deinen Namen rühmen.
Erheb dich, Gott, und führe deine Sache!

vgl. Ps 74,20–23

Mit uns selber kennen wir uns am besten aus. Vergeßlichkeit ist ärgerlich. Vergeßlichkeit ist menschlich. Was da so alles über die Schreibtische der Mächtigen wandert! Wie soll der Chef sich da an alle Unterschriften erinnern, an jedes Fehlurteil von annodunnemal! Vergeßlichkeit ist praktisch. Theodor Heuss: »Was geht mich mein saudummes Geschwätz von gestern an?«

Und wenn uns nun unser Schöpfer, der liebe Gott, einerseits nur Gutes gönnt, und wenn wir, seine Geschöpfe, andrerseits so viel leiden müssen, wie wäre es da mit der Ausrede der Vergeßlichkeit: Gott meint es gut mit uns, aber er hat uns einfach vergessen? Das kann ja vorkommen. Aber der Psalm will nicht, daß das vorkommt. Und so erinnert er den Herrn und Schöpfer aller Ding an die unselige Verfassung der Wirklichkeit.

Die menschliche Vorstellung, Gott könne vergeßlich sein, mag uns naiv erscheinen. Doch indem wir dem lieben Gott unseren Kummer ins Gedächtnis rufen, rufen wir uns in unserem Kummer Gott ins Gedächtnis. »Voll von Schlupfwinkeln der Gewalt ist unser Land.« Ist das mein Vaterland? Gott, der in unserer Verfassung steht, soll der Gott sein, der etwas mit der traurigen Verfassung unseres Landes zu tun hat. Vergessen gilt nicht.

Requiem für Henry

Würdest du, Herr, unsere Sünden beachten,
Herr, wer könnte bestehen?
Doch bei dir ist Vergebung, Gott Israels.

Ps 130,3–4

Requiem für Henry. Die Lederjacken und Kurzhaarigen vorn rechts, direkt hinter Henrys Eltern und der resoluten Großmutter. Henry war deutscher als die Deutschen, den Krieg kannte er auf Video. Er wäre nach eigenen Angaben am liebsten auf dem Schlachtfeld gestorben. Von Herzrhythmusstörungen war jedenfalls nie die Rede. Dem letzten Wunsch, unter einem stabilen Hakenkreuz zu ruhen, wird nicht entsprochen. Henry war, wie sich nun herausstellt, katholisch getauft.

Der Priester singt Psalm 130. »Würdest du, Herr, unsere Sünden beachten, Herr, wer könnte bestehen?« Henrys Angehörige schließen die Augen. Die Oma sucht das Taschentuch. Die Freunde blicken zu Boden. Des Priesters Stimme zittert ein wenig. Paolo und Giacomo ministrieren. Sie hatten immer Angst vor Henry. Im Dorf kennt jeder jeden. Daß Henry katholisch war, hätten die beiden nie gedacht. »Doch bei dir ist Vergebung, damit man in Ehrfurcht dir dient.«

Unser armes Fleisch und Blut

Und das Wort ist Fleisch geworden und hat unter uns gewohnt, und wir haben seine Herrlichkeit gesehen, die Herrlichkeit des einzigen Sohnes vom Vater, voll Gnade und Wahrheit.

Joh 1,14

Fleisch ist Fleischeslust. Ich weiß nicht, wen dieser Zusammenhang heute noch aufregt. Zur Fleischwerdung Gottes gehört jedenfalls alles, was unser armes Fleisch und Blut möglicherweise ist. Erregendes, warmes, pulsierendes Leben. Hautkontakte. Fleischeslust. Dann aber auch: Fleisch, auf das Gewehre zielen. Fleisch, in dem die Folterknechte ihre Opfer peinigen. Fleisch, das einen Schatten wirft. Fleisch, das Metastasen hat. Fleisch, das fault und stinkt. Unser armes Fleisch und Blut.

Der Frankfurter Politikwissenschaftler Iring Fetscher bringt den Skandal in einer Betrachtung zu Joh 1,14 auf den Punkt: »Nur ein Sterblicher kann sein Leben hingeben für seine Schwestern und Brüder – seine Mitmenschen. Der sich selbst opfernde Gott ist ein Mensch, ein Sterblicher.«

Die Fingernägel des Petrus

Die Pharisäer essen nämlich wie alle Juden nur, wenn sie vorher mit einer Handvoll Wasser die Hände gewaschen haben, wie es die Überlieferung der Alten vorschreibt.

Mk 7,3

Händewaschen und Geschirrspülen sind kultisch und hygienisch von Interesse. Jesus hielt bekanntlich nicht allzuviel von derartigen Vorschriften, obwohl man den Geist, den er uns gesandt hat, nicht als Dreckspatz bezeichnen kann. Jesus ließ sich zwar im Jordan taufen und bei Tische salben, doch zum Entsetzen der Pharisäer blieben er und seine Jünger ziemlich unzuverlässig, was die sauberen Hände und Becher betraf. Kinder im Zeltlager hätten ihre helle Freude am Besuch des Herrn.

Stell dir Petrus vor: Er predigt mit rabenschwarzen Rändern unter den Fingernägeln. Stell dir Philippus vor: Ihm rieseln Schuppen aufs Gewand. Stell dir Jakobus vor: Er riecht nach Knoblauch. Stell dir Johannes vor: Er bohrt verträumt in der Nase. Sie sind wie du und ich. Und unter den Nachfolgern der Apostel gibt es eine deftige Bandbreite, was die kleinen Menschlichkeiten angeht. Manches läßt sich durch Waschungen ins Reine bringen. Manches nie. Wer einmal neben dem pfeifenrauchenden Mario von Galli auf dem Sofa saß und den Glutkrümeln auszuweichen versuchte, lernte die Freiheit der Kinder Gottes lieben und fürchten. Aus guten Gründen hat man dann wenigstens am Altar den Lavabo-Ritus eingeführt. Und wenn die Leute nicht so zimperlich wären, könnte man sogar aus dem Asperges etwas machen. Aber wir wollten ja keine Pharisäer sein.

Leiden schärft die Sinne

Zwei und zwei?

Danach suchte der Herr zweiundsiebzig andere aus und sandte sie zu zweit voraus in alle Städte und Ortschaften, in die er selbst gehen wollte.

Lk 10,1

Alleinsein: nicht gut für den Menschen. Gar nicht gut für die Verbreitung des Evangeliums. Zwei und zwei sind sie kräftiger. Barnabas und Paulus. Franz und Clara. Pfarrersfrau und Pfarrersmann. Monsignore und Kaplan.

Der 73. Jünger aber machte Ärger. Er war ein Individualist. Nicht, daß er den Zölibat erfunden hätte. Nicht, daß er sich besser vorgekommen wäre als all die anderen. Es war nur so, daß er die umständlichen Entscheidungsprozesse leid war und lieber auf eigene Faust selig werden wollte. Er sah kommen, daß aus dem Prinzip zwei und zwei eines Tages Gremien und Ausschüsse entstehen würden. Er scheute wohl auch die Mühen partnerschaftlicher Konfliktlösung. Wie dem auch sei, er wäre am liebsten Papst geworden. Neidisch äugte er nach Rom. Das gemeinsame Martyrium von Peter und Paul hielt er für eine Legende. Das Hochfest der beiden nannte er eine Konstruktion.

Als der unverbesserliche Einzelkämpfer starb, schrieb man ihm aufs Grab: »Er wird sich fehlen.«

Geld

Er machte eine Geißel aus Stricken und trieb sie alle aus dem Tempel hinaus, dazu die Schafe und Rinder; das Geld der Wechsler schüttete er aus, und ihre Tische stieß er um.

Joh 2,15

Was Menschen alles machen, um zu Geld zu kommen. Sie verkaufen zerlesene Bücher und Raubdrucke in Kneipen. Sie spielen in der Pariser Metro zwischen zwei Stationen Puppentheater. Sie stehen nachts am Straßenrand, leichtgeschürzt, und bieten ihren Körper an. Sie klauen einem die Handtasche. Sie beziehen ein geregeltes Monatseinkommen und gehen dafür täglich acht Stunden ins Geschäft. Sie singen für Geld, tanzen für Geld, lieben für Geld, predigen für Geld, »Money makes the world go round«. Was würden Sie für Geld nicht tun, fragte Max Frisch, heimtückisch.

Jesus wird uns als materieller Habenichts vorgestellt, armer Leute Kind. Bettelorden und Kommunisten werden sich auf ihn berufen. Doch die Armut der einen funktioniert in der Regel nur mit Hilfe des Wohlstands der anderen. Auch wenn wir die Erfinder des Geldes nachträglich schmähen und darin einen besonders verhängnisvollen Sündenfall erblicken, können wir aus der Geldwelt nicht gut aussteigen. Umso wichtiger das Mahnwort Jesu, nicht zwei Herren zu dienen. Wo Geld die Welt regiert, sind wir käuflich und berechnend. Nicht das Geld ist das Problem, sondern seine gottgleiche Macht, das bittere Unrecht in der Verteilung, die kleinliche Habgier. Haben oder Sein, formuliert Erich Fromm, Geld oder Leben. Ich stelle mir Gott als grenzenlosen Verschwender vor. Deshalb der geniale Kassensturz im Tempel. Wozu ist Geld da? Zum Ausgeben. Wozu ist Leben da? Zum Ausgeben. Wozu ist Kirche da? Zum Ausgeben.

Gott gibt Milch

Wie neugeborene Kinder, verlangt nach der unverfälschten Milch des Wortes, damit ihr durch sie heranwachst und das Heil erlangt.

1 Petr 2,2

Wieso denn nur »Milch des Wortes«? Gott gibt Milch. Lach nicht, du mit deiner ungesunden Lebensweise, du mit deiner ungesunden Glaubensweise. Die Inder werden schon wissen, warum ihnen Kühe heilig sind. Lach nicht, Unverständiger! Ziegen, Schafe, Kühe: Israels Wohlstand. Wohlstand nicht nur am Busen der Natur, Wohlstand am Busen Gottes.

Andrerseits, milchkritische Überlegungen im Hebräerbrief? »Obwohl ihr der Zeit nach schon Lehrer sein müßtet, braucht ihr von neuem einen, der euch die Anfangsgründe der Lehre von der Offenbarung Gottes beibringt; Milch habt ihr nötig, nicht feste Speise. Denn jeder, der noch mit Milch genährt wird, ist unfähig, richtiges Reden zu verstehen; er ist ja ein unmündiges Kind« (5,12–13). Willst du darauf hinaus, Pfaffe? Zurück zu Mutter Kirche und ihren Bevormundungen? Aber so steht das ja gar nicht da. Vom Ursprung ist die Rede, von dem, was uns elementar ernährt. Von dem, was noch nicht festgeworden ist, ist die Rede, von dem Unverfälschten ist die Rede, von dem, was wir nötig haben.

»Das Nötigste im Leben des Menschen sind: Wasser, Feuer, Eisen und Salz, kräftiger Weizen, Milch und Honig, Blut der Trauben, Öl und Kleidung« (Sir 39,26). Gott, Geber alles Guten, Vielfalt meiner Lebensmittel, sättige mich mit Bild und Wort, Klang und Farbe, Weg und Haus, Form und Inhalt. Mach mich hungrig nach dir!

Voll von Huld, voll von Erde

Die Erde ist voll von der Huld des Herrn.
Durch das Wort des Herrn wurden die Himmel geschaffen.

Ps 33,5–6

Immer wieder fallen mir die erdigen Finger einer Gartenschwester ein. Bei der Kommunionausteilung sehe ich den Leuten nicht in die Augen, sondern in die Hände. Kommunizieren und Kommunizieren sollen in so einem intimen Augenblick unterscheidbar bleiben. Während des Predigens nehme ich Blicke wahr, Lächeln und grimmige Mienen, Gähnen und Staunen. Wenn ich aber Brot des Lebens servieren darf, achte ich auf die Hände.

Und da sehe ich diese dunkel eingefärbten Handlinien, Erdreste unter Fingernägeln, Spuren von Arbeit und Hingabe, Bodenspuren, Schöpfungsspuren. Ich kann aus der Hand lesen, aus der Hand jener Gartenschwester. Ich kann Gott aus ihrer Hand lesen. Immer wieder fällt sie mir ein. Nicht ihr Gesicht, sondern die erdigen Finger.

Uns Meßdiener hat man angehalten, die Fingernägel zu säubern. Ich weiß, daß das appetitlich und hygienisch ist. Vielleicht hat sich die Gartenschwester ihr Leben lang neben der Bibliotheksschwester geniert. Dabei offenbaren ihre Hände so viel von der Huld des Herrn.

Zum Steinerweichen

Doch über das Haus David und über die Einwohner Jerusalems werde ich den Geist des Mitleids und des Gebets ausgießen. Und sie werden auf den blicken, den sie durchbohrt haben. Sie werden um ihn klagen, wie man um den einzigen Sohn klagt; sie werden bitter um ihn weinen, wie man um den Erstgeborenen weint.

Sach 12,10

Wie kam es, daß wir hart wurden? Was uns nicht umbringt, macht uns stärker, hatte es geheißen. Doch unsere Tränen wären Heilbrunnen gewesen. Nun geht die Vernarbten nichts mehr an.

Kiesel

Ich gewöhn mich ins Glück.
Der Fuhrmann
Ohne Wagen und Pferd
Steht bis zum Hals im Fluß, gibt
Frohe Befehle.

Sarah Kirsch

Es lebt sich so ganz gut, aber nicht gut genug. Strammstehen, Hoffnung, ein Lächeln für die Kamera, wieso sollte das ein Indiz des Glaubens sein? Tag für Tag erreichen uns Nachrichten aus dem Krieg. Neben Gebet, Kollekte und Gastfreundschaft für Flüchtlinge ist wenigstens so viel Trauer angesagt, daß wir uns mit Tränen die nötige Klarheit verschaffen. Leiden schärft die Sinne.

Jesus und die Statiker

Er (Jesus) ist der Stein, der von euch Bauleuten verworfen wurde, der aber zum Eckstein geworden ist.

Apg 4,11

Da haben die Bauleute den entscheidenden Stein vor Augen – und sie verwerfen ihn. Sie bauen also ohne Eckstein? Nein, aber sie nehmen einen anderen Eckstein. Sie nehmen irgendeinen. Steine gibt's wie Sand am Meer.

Hin und wieder ist zu hören, mit der Kirche sei es nicht weit her. Man könne das Bauwerk vermutlich gar nicht mehr retten. Zu groß, zu teuer, zu alt. Und dann die Widersprüche. Und die Resignation. Und der Zölibat. Und die Medien. Und wenn mal einer ganz stark Religion erleben will, geht er zur Wiedergeburt in die Sekte. Die Kirche ist ein Haus aus Stein. Gewiß, sie ist viel mehr: Zelt Gottes und mystischer Leib und wanderndes Gottesvolk. Aber sie ist auch ein Haus. Voll Glorie, Schauer, Institution, Tradition: steingefügt.

Keiner dieser Mauersteine, kein Detail der Tradition ist Jesus. Er ist verworfen. Er ist immer der, der beim Bauen verworfen wird. Weil er sich nie einbauen läßt. Wenn das Neue Testament von ihm als Eckstein spricht, spricht sie zugleich vom Wachsen: »Ihr seid auf das Fundament der Apostel und Propheten gebaut; der Schlußstein ist Christus Jesus selbst. Durch ihn wird der ganze Bau zusammengehalten und wächst zu einem heiligen Tempel im Herrn« (Eph 2,20f). Wachstum im Bauwerk, Schieben und Drängen, Knospen und Blüten, Reifen und Welken. Den Statiker möchte ich sehen, der dafür garantieren will. Den Katechismus möchte ich lesen, der dem gewachsen ist.

Grundstücke

Es gab auch keinen unter ihnen, der Not litt. Denn alle, die Grundstücke oder Häuser besaßen, verkauften ihren Besitz, brachten den Erlös und legten ihn den Aposteln zu Füßen. Jedem wurde davon so viel zugeteilt, wie er nötig hatte.

Apg 4,34–35

Böse Zungen behaupten, die Apostel hätten unterm Strich soviel übrig gehabt, daß sie sich in Rom in bester Lage einkaufen konnten. So sei der Vatikan entstanden oder jedenfalls das Pfarrhaus mit der großen Terrasse, auf der kaum mal jemand sitzt. Böse Zungen, dumme Zungen. Die Kirchengeschichte war doch ganz anders. Schenkungen gab's allenthalben. Kein Grund jedenfalls, an der karitativen Noblesse der Urgemeinde zu zweifeln, wo sie ein Herz und ein Seele waren. Das weiß doch jedes Kommunionkind.

Die Aktion »Brüderlich Teilen« stand von Anfang an unter zwei kleinen Rechenfehlern. Erstens ist ökonomischer Sachverstand kein auffälliges Charisma der Apostel. Zweitens entsteht ja bereits in der nächsten Runde die Frage, woher nehmen, wenn nicht stehlen. Denn wie der Herr richtig bemerkt hatte, gab es Arme allezeit. Nur waren jetzt die Grundstücke weg. Also?

Man muß sich die Kirchengeschichte als eine Lerngeschichte vorstellen. Heute hat man Grundstücke. Auf vielen Grundstücken stehen zum Beispiel Pfarrhäuser. Manche stehen hin und wieder leer. Arme haben wir allezeit. Bei Katastrophen werden keine Grundstücke verkauft. Bei Katastrophen wird gesammelt. Katastrophen haben wir nämlich auch allezeit. Man muß sich die Kirchengeschichte als eine Gewöhnungsgeschichte vorstellen.

Gespräch mit Marta

Wir sind unnütze Sklaven; wir haben nur unsere Schuldigkeit getan.

Lk 17,10

Marta versteht so wenig von der Predigt, ist in Gedanken daheim bei ihrem Mann im Rollstuhl, denkt an daheim, an Betanien, an den Abwasch, den Maria nicht besorgt, an den Kindersegen, den ungewollten, an Fluch und Undank. Marta erwartet nicht viel vom Leben, nicht viel vom Herrgott, nicht viel von der Predigt, nur ein bißchen Erleichterung, Trost. Marta gehört zur Mehrzahl der Bevölkerung, zu den Werktätigen.

Ich möchte nütze sein und frage Marta. Du mußt es aushalten, sagt sie mir, daß du oft umsonst schuftest, im Lauf der Jahre zunehmende Müdigkeit und Unlust erleben wirst, daß dir dein Glaube sinnlos erscheint trotz der verrückten Investition deines Lebens.

Ob mein Glaube brauchbar wird, ist die Frage, nicht ob er meine Bedürfnisse befriedigt, mir etwas bringt. Die Brauchbarkeit des Glaubens ist die Liebe. Sie bleibt, sagt Paulus. Aber die Liebeskirche hat es doch noch nie gegeben, sagen andere, und was wäre das für ein dürftiger Humanismus. Faule Hunde seid ihr, denkt sich Marta, spuckt in die Hände und bringt Frucht.

Frauen in der Kirche

Wie aber die Kirche sich Christus unterordnet, sollen sich die Frauen in allem den Männern unterordnen.

Eph 5,24

Und sie werden es nicht tun, die Frauen. Nicht so, wie's ihnen beigebracht wurde. Nicht so, wie's ihren Männern daheim (und den Kirchenmännern) passen würde. Sie hätten mit sich reden lassen über ein Unterordnungsmodell nach Art des Verhältnisses Kirche und Christus. Denn da war ja deutlich abzulesen, daß es nie und nimmer wörtlich gemeint sei. Doch nach all dem Schindluder, das man mit ihnen und diesen Texten getrieben hatte, war es an der Zeit, sich überhaupt nicht mehr unterzuordnen.

Zum Ausgleich erklingt aus Rom immer wieder mal die alte Weise. Der Oberhirte, der seine Brüder stärken will, läßt verlauten, daß es nichts ist mit der Priesterweihe der Frau, heute nicht und morgen nicht und auch nicht in Ewigkeit. Das aber wird den Schwestern auf Dauer nicht einleuchten, die auch gern gestärkt worden wären in einer Zeit, da die Kirche andere Sorgen haben müßte als das Festklammern an einer Tradition von sekundärer Wichtigkeit. Abgrenzen muß sich die Kirche nicht so sehr von anderen christlichen Kirchen und Traditionen. Abgrenzen muß sie sich von der allgemeinen Gottlosigkeit und Wurstigkeit unserer Tage, von Konsumismus und Materialismus. Wollte sie hier effektiv zum Kampf antreten, wären viele Frauen vorneweg die richtigen Ratgeberinnen, Führerinnen und Priesterinnen. Nun bleibt uns nur die vergnügte Zuversicht, daß vieles, was uns heute noch plagt, morgen kalter Kaffee ist, weil Pfingsten für Pfingsten neue Einsichten formuliert werden.

SOS!

Plötzlich erhob sich ein heftiger Wirbelsturm, und die Wellen schlugen in das Boot, so daß es sich mit Wasser zu füllen begann.

Mk 4,37

Ein Schiff, das sich Gemeinde nennt. Gern haben wir so gesungen. Nun ist das Schiff in Seenot, sagen die Leute im Hafen und winken uns zu. Lotsen bieten sich an, Rettungsboote zum Übersetzen in die Realität, die wir nun endlich akzeptieren sollen. Es sei doch lächerlich, draußen zu bleiben in dieser Nußschale, bei so einem Sauwetter und – schaut euch doch an – mit so einer Mannschaft. Untergang muß nicht sein, sagen sie, und er bringt nichts, sagen sie, nur Tod und Ärger. Schließlich seid ihr Nichtschwimmer, um Himmels willen, das müßt ihr doch einsehen.

Wir aber schaukeln auf und nieder, haben natürlich Angst, wieso denn nicht, und bleiben doch tausendmal lieber beim Herrn, selbst wenn er so tut, als ob er schläft. Schläft er wirklich? Lasset uns jammern! Lächerliche Gesellschaft? Mag sein. Wir müssen euch, die ihr an Land seid, nichts beweisen. Wir bleiben bei dem, mit dem wir in diese mißliche Lage geraten sind. Die Stabilität der Gemeinde erkennt man nicht an ihrer Ruhe, sondern an ihrer Christusnähe, auch wenn alles ein bißchen nervös wird. Ist der Herr im Sturm, dann sind wir eben mit ihm im Sturm. Ist der Herr im Untergang, dann sind wir eben mit ihm im Untergang. Wenn hier jemand Grund hat, SOS zu rufen, dann seid ihr's.

Apflring

Und er stellte ein Kind in ihre Mitte und nahm es in seine Arme.

Mk 9,36

In der Pfarrei mit dem verheißungsvollen Namen »Zur Heiligen Familie« in Apflring gibt es nicht nur einen Pfarrgemeinderat, sondern auch ein Kinderparlament. Vom Pfarrgemeinderat unterscheidet es sich nicht zuletzt dadurch, daß der Pfarrer nicht den Vorsitz hat, sondern nur als gelegentlicher und gern gesehener Gast erscheint. Die Sitzungen leitet ein cleveres Mädchen der siebten Klasse, die auch in der Schülermitverwaltung der Realschule aktiv ist und daher weiß, wie man so etwas anpackt. Auf der Tagesordnung stehen Gemeindehausbelegung und Schaukasten, Pfarrblatt und Firmungsvorbereitung, Ferienprogramm und Schulsorgen, das Projekt eines Spielplatzes hinter der Kirche und der Widerstand gegen eine Großbäckerei, die den kleinen Schulbäcker verdrängt. Man diskutiert über die Gestaltung der Gottesdienste (nicht nur über Kindergottesdienste, auch über den Sonntag der Erwachsenengemeinde!), und man hat das aktive Wahlrecht auf höchstens 16 Jahre beschränkt. Das Protokoll wird nicht im Pfarrbüro vervielfältigt, sondern von einem Kind auf ein Plakat geschrieben und mit frechen Karikaturen dekoriert. Und dieses Protokoll muß – unzensiert – eine Woche lang im Schaukasten der Gemeinde hängen. Einmal jährlich findet eine gemeinsame Sitzung von Kinderparlament und Pfarrgemeinderat statt, übrigens verpflichtend für alle Mitglieder beider Gremien. In der Sitzungsleitung wechselt man sich ab.

Wo liegt Apflring, fragt sich der verwirrte Leser. Ja, wo liegt Apflring?

Klingbeutel, klingelingeling

Als Jesus einmal dem Opferkasten gegenübersaß, sah er zu, wie die Leute Geld in den Kasten warfen. Viele Reiche kamen und gaben viel.

Mk 12,41

Schön, wenn die Reichen viel geben. Schön, daß es Reiche gibt. Stell dir vor, alle wären arm. Doch der Herr stellt es sich vor und lächelt. Ich staune und blättere im Haushaltsplan. Der gehört zu dieser Welt. Ich auch.

Klingbeutel, klingelingeling. Oft habe ich gelästert über die Kirche und das Geld. Über die Kirche und den Geiz. Über die Kirche und die Verschwendung. Heute will ich einmal dagegenhalten, daß der Herr zwar selber nichts in den Opferkasten tut, doch dessen Sinn nicht anzuzweifeln scheint. Gott oder Mammon, das ist die Frage. Aber nicht die einzige, die in der Bibel steht. Der Opferkasten hat in einem Land mit Kirchensteuersystem gigantische Dimensionen. Es tut weh, daß das Scherflein der Witwe kaum eine Rolle im Kalkül spielt. Es tut auch weh, daß die Reichen immer seltener viel geben. Nun wird den Kirchen das Geld knapp, und eines Tages leben wir wieder vom Opferkasten. Die Freiwilligkeitskirche kommt, und sei es auch nur finanziell. Dann werde ich jammern und wehklagen, weil die automatische Steuerkirche mich bislang besoldet, ob ich nun schlafe oder wache. Soll ich mich unterdessen mit den armen Witwen gut stellen? Oder mit den Reichen? Ich fürchte, alle Strategien sind gottlos, die nur aufs Geld aus sind. Ich glaube aber an eine Kirche, in der es so schön ist, daß die, die Geld haben, gern was springen lassen, und die, die keins haben, reichlich abbekommen.

Gekrochen wird viel auf Erden

Da sprach Gott, der Herr, zur Schlange: Weil du das getan hast, bist du verflucht unter allem Vieh und allen Tieren des Feldes. Auf dem Bauch sollst du kriechen und Staub fressen alle Tage deines Lebens.

Gen 3,14

»Hier kniet vor deiner Majestät im Staub die Christenheit.« Also sprach der Mesner vom Ulmer Kuhberg, seine liturgische Lage bedenkend. Gekrochen wird viel auf Erden, doch die Staubwischenden sind relativ gut dran.

Gekrochen wird unfreiwillig. Gekrochen wird freiwillig. Gekrochen wird auch vor Gott. Manche halten das für eine besonders intensive Variante des Kniens. Gehadert wird dabei nur in den Bauch hinein, Man brummelt ein bißchen vor sich hin, doch den erhabenen Gott grüßt der gekrümmte Rücken. Und ebendies ist falsch. Schlangenfrömmigkeit.

Anders die Haltung der Knienden, beispielsweise in der großartigen »Knienden« von Wilhelm Lehmbruck (1911), die wieder nach Dresden zurückgekehrt ist. Knien ist Ausdruck, ist Gebärde, ist nichts Gebücktes, nichts Gekrümmtes, schon gar nichts Kriecherisches. Knien ist demütiger Stand vor Gott, erwartungsvoll, dem Boden nahe, aber nicht am Boden zerstört. Laßt uns die Kriechenden nicht verspotten. Aber helft ihnen wieder auf die Knie. Gebt ihnen ihre Würde zurück. Euch aber, die ihr herumsteht mit den Händen in den Hosentaschen, euch habe ich heute nichts zu sagen.

Zweifeln: Nicht gutgläubig sein, sondern gläubig

Das Mittelalter

Es wird geschehen, daß ich meinen Geist ausgieße über alles Fleisch. Eure Söhne und Töchter werden Propheten sein, eure Alten werden Träume haben, und eure jungen Männer haben Visionen.

Joel 3,1

Zum Träumen ist er noch zu jung. Für Visionen ist er schon zu alt. Also ist er Realist. Ihn beschäftigen Gesundheit und Gewohnheit, Allüren und Allotria, Kommunionkinder und Konferenzen, Tagesthemen und Terminkalender. Mit den Propheten tut er sich schwer. Es ist ein Generationsproblem, sagt er. Erst den Enkeln wird er wieder zuhören.

Von Pfingsten verspricht er sich nicht viel. Der Geist Gottes läßt sich nicht einkalkulieren, aber wer weiß. Heilungswunder überläßt er den Verrückten. »Prostata und Fußpilz eignen sich ja wohl kaum für göttliche Sondergratifikationen.« Aber er wäre schon froh, wenn er so einigermaßen rüstig ins Alter kommt. Und dann wird geträumt. Aber richtig. Denn die Visionen von damals, das hat sich herausgestellt, waren unrealistisch. Selbst das Jahr 2000 wird ein Flop, sagt er und lacht. Manchmal greift er sich in die Herzgegend. Dann kommt ihm der Gedanke, daß es mit dem Träumen auch nichts wird, wenn man erst mal tot ist.

Herr, gieß deinen Geist aus, der uns jung sein läßt, auf daß wir Propheten sind, und alt genug zum Träumen. Mach uns verwegen und abgeklärt, stürmisch und weise. Laß nicht zu, daß wir in der Mitte der Jahre weder kalt noch heiß sind.

Ich hasse Wartezimmer

Der Herr richte euer Herz darauf, daß ihr Gott liebt und unbeirrt auf Christus wartet.

2 Thess 3,5

Stirb nicht im Warteraum der Zukunft, formulierte einst Harvey Cox. Als ob einer von uns anderswo sterben dürfte. Das ganze Leben, Warteraum, Advent. Da ich Wartezimmer hasse, besteht die Gefahr, dieses schmerzhaft-schöne Leben zu hassen, als ob es je anders zu haben wäre.

Einübungen ins unbeirrte Warten: Unheimliche Stille am Telefon. Bist du noch da? Größer werdende Pausen machen mich nervös. Vorgeschmack des Todes. »Wenn die Irrtümer verbraucht sind«, sagt der junge Brecht, »sitzt uns als der letzte Gesellschafter das Nichts gegenüber.« Lange schon sitzt er da, grinst. Ich halte das nicht aus, unterbreche die Stille, räuspere mich, sage irgendetwas.

Kindliche Mutproben unter Wasser: wer kann am längsten die Luft anhalten? Wir kokettieren mit dem Nichts. Lebensrettende Ungeduld treibt uns nach oben, Lebenstrieb. Tief einatmen, lachen, als wäre nichts gewesen. Es war das Nichts. Wir haben nur damit gespielt. Untertauchen, warten, auftauchen, leben. Aber woher weiß ich? Das ist das Schlimme am Warten, daß ich nie genau weiß, was kommt. Nie genau weiß, ob du kommst, Herr Jesus Christus. Komm mir entgegen, denn ich hasse Wartezimmer und liebe deine Ankunft.

Wenn es an Ostern dunkel bleibt

Ich bin erstanden und bin immer bei dir. Halleluja.
Du hast deine Hand auf mich gelegt. Halleluja.
Wie wunderbar ist für mich dieses Wissen. Halleluja.

Ps 139,18.5–6

Es war Ostermorgen, aber wir waren nicht gut drauf. Alles hatten wir mitgemacht. Asche aufs Haupt und 40 Tage ohne. Palmzweige in der Hand und Füße in der Wanne. Und vorgestern das schwärzeste Schwarz, das wir ablegen wollten wie alle Jahre, um einzutauchen in strahlendes Licht. Doch was wir von der Osterkerze mitnahmen, war ein glimmender Docht. Zum Leben zu wenig. Zum Sterben zu viel. Und es ward Abend und es ward Morgen. Ostermontag.

Dienstag. Mittwoch. Donnerstag. Es blieb dunkel. Es wurde Sommer und Herbst, die Jahre vergingen. Als wir starben, waren wir immer noch voller Erwartung, fragten nach dem Auferstandenen, nach dem Licht, nach der Beruhigung unserer Fragen. Wo bist du, österlicher Herr, wo? Dein Weiß, dein strahlendes Weiß, wir hatten mit Halleluja gerechnet. Wo? Wann?

Da erkannten wir. Nicht nichts, aber auch nicht alles. Wir spürten: die Hand, die immer schon auf uns gelegt war. Die Führung im Dunkeln. Die Treue während der Nacht. Es gibt einen Ostermorgen, an dem es nicht Tag wird. Es gibt ein Halleluja, das du nicht singen mußt.

Optimismus?

Der Herr wird kommen, um die Welt zu erlösen. Volk Gottes, mach dich bereit. Höre auf ihn, und dein Herz wird sich freuen.

Jes 30,19.30

Vorfreude, heißt es, sei die größte Freude. Aber wie, wenn dann nur noch Enttäuschungen folgen? Für den alten Skeptiker Schopenhauer stellte sich die Sache so dar: »In früher Jugend sitzen wir vor unserm bevorstehenden Lebenslauf wie die Kinder vor dem Theatervorhang in froher und gespannter Erwartung der Dinge, die da kommen sollen – ein Glück, daß wir nicht wissen, was wirklich kommen wird.«

Ökologische Zukunftsprognosen und die Beobachtung der politischen Großwetterlage lassen allerdings nicht einmal mehr Vorfreude aufkommen. Jugendliche Optimisten muß man mit der Lupe suchen. Sorgen und Ängste scheinen vernünftiger zu sein, wenn man den Zahlen und Hochrechnungen traut.

Ein Glück, daß wir nicht wissen, *was* wirklich kommen wird? Nein. Aber schade, daß wir nicht sehen, *wer* wirklich kommen wird! Bibel und Zeitung, Verheißung und Prognosen sind kein Entweder-Oder. Ich singe Adventslieder und bedenke die Nachrichten. Doch nur die Adventslieder machen mich froh. Froh, und ungeduldig. Eia, wärn wir da.

Richtig gut

Herr, du bist gerecht, und deine Entscheide sind richtig.
Handle an deinem Knecht nach deiner Huld.

Ps 119,137.124

War es gut? War es angenehm? War es schön? War es also, wie man so sagt, positiv? Ich weiß es nicht, sagt die Geschichte. Ich wollte so gern freundlich sein, sagt die Geschichte, eine Heilsgeschichte wollte ich sein. Doch dann kam der Krieg, dann kam die Währung, dann kam der Mann aus der Gefangenschaft heim, dann nochmal Kinder, was soll ich sagen, es war alles ein bißchen viel. Später ist man immer gescheiter, sagt die Geschichte und klopft die Pfeife aus. Ich bin nicht heil, aber ich bin deine Geschichte.

Und als sie so daherredete, erkannten wir, was gut und böse ist, richtig und falsch. Nie wissen wir es rechtzeitig. Daß die Welt nicht noch viel schlimmer ist, daß wir überhaupt leben, du und ich, daß es geliebte Kinder gibt, glückliche Ehen, gesunde Seelen, gesegnete Greise, all das haben wir nicht arrangiert. Es ist und bleibt Gnade, die wir nicht bewerkstelligen. Aber sie will sich alle Tage in unsere Geschichte einmischen. Wenn du mir eine Chance gibst, sagt die Gnade, dann wird deine Geschichte deine Heilsgeschichte sein. Auch wenn sie dreckig aussieht. Auch wenn sie schief daherkommt. Auch wenn sie dir verdammt negativ erscheint. Du erkennst mich nicht am Wohlbefinden, sagt die Gnade, aber ich will, daß alles richtig und gut ausgeht. Richtig gut.

Glauben finden – im Zweifel?

Sollte Gott seinen Auserwählten, die Tag und Nacht zu ihm schreien, nicht zu ihrem Recht verhelfen, sondern zögern? Ich sage euch: Er wird ihnen unverzüglich ihr Recht verschaffen. Wird jedoch der Menschensohn, wenn er kommt, auf der Erde (noch) Glauben vorfinden?

Lk 18,7–8

Ach, die vielen Zweifel. Sind sie der Beweis für wenig Glauben? Oder wo liegt die Not? »Was macht den Philosophen? Der Mut, keine Frage auf dem Herzen zu behalten.« So sieht es Arthur Schopenhauer.

Wie kam es eigentlich dazu, die Kunst des Zweifelns dem frohen Gottvertrauen entgegenzustellen, so daß sich Gläubige ihrer Zweifel schämten und sie wie lästige Fliegen zu vertreiben suchten? Ich sehe im Zweifeln dieselbe Bewegung wie im Glauben. In beiden Fällen geht es mir um meine Suche nach Wahrheit und Leben. Ich stelle mir mein Zweifeln ähnlich vor wie die hartnäckige Trittsicherung beim Bergsteigen. Wer sorgfältig jeden Stein prüft, ob er denn auch halten wird, will vorankommen, nicht abstürzen. Der Zweifler ist ein systematischer Sprücheklopfer. Er klopft jeden frommen Spruch, jedes Dogma, jede Norm so lange ab, bis er sich ganz sicher ist, daß es sich nicht um hohle Phrasen handelt. Er zweifelt, um glauben zu können. Er will nicht gutgläubig sein, sondern gläubig. Daß dabei manches zerbricht, ist klar. Kein Wunder, daß wir uns oft scheuen, radikal zu zweifeln. Beim Bergsteigen wäre das der Punkt, heimzukehren und die riskante Tour vorsichtshalber abzubrechen. In der Geschichte meines Glaubens kann ich nicht jeden Zweifel ausräumen. Wenn ich nicht verzweifeln will, werde ich gelegentlich einlenken und heimkehren. Es gibt Fragen, die ich trotz Schopenhauer auf dem Herzen behalten muß. Ich bin nicht so tapfer, alles zu riskieren. Ich bin aber auch nicht so feig, jedem Zweifel aus dem Weg zu gehen. Und ich hoffe, daß der Menschensohn eben hier Glauben findet.

Ich liebe das Licht

Denn mit dem Gericht verhält es sich so: Das Licht kam in die Welt, und die Menschen liebten die Finsternis mehr als das Licht; denn ihre Taten waren böse.

Joh 3,19

Rätselhaft: das lichtscheue Gesindel, die Krone der Schöpfung. Der Text sieht freilich einen Grund für unser Verhalten: unsere bösen Taten. Was die guten Taten betrifft, werden wir bei anderer neutestamentlicher Gelegenheit dazu ermuntert, unser Licht leuchten zu lassen und es jedenfalls nicht unter einen Eimer zu stellen.

Immer wieder bin ich froh, daß Johannes nur eine von vier Lesarten des Evangeliums ist. Mit der Dialektik von Licht und Finsternis komme ich jedenfalls nicht so einfach dorthin, wo mich der Herr des Lichts doch hoffentlich haben will, ins Licht. Die Unterstellung, ich sei dank böser Taten ins Finstere verliebt, macht es mir schwer, frohgemut ins Licht zu treten. Die ganze Hoffnung ist im Eimer. Ich aber bin böse und liebe das Licht. Ätsch.

Siedler und Nomaden

Sie sagten zu ihm: Laß in deinem Reich einen von uns rechts und den andern links neben dir sitzen.

Mk 10,37

Wir können nicht sitzen. Wir sind verhockt. Das ist etwas anderes. Dabei sind wir nicht einmal gern hier. »Nun sitz doch endlich einmal still, kannst du nicht stillhalten?« Daheim am Tisch, dann in der Schule, in der Kirche, auf Besuch und überall: die ständige Überforderung. Doch stundenlang sitzt das Kind am Boden und spielt. Man wird ihm später beibringen, vor allem dort still zu sitzen, wo man eigentlich gar nicht sein will.

Dann endlich: sitzen geblieben, Wiederholung. Endlich nichts Neues lernen müssen, sondern zurückgehen dürfen, bis sich alles gesetzt hat. Sitzen lernt man durch den Schock der Überanstrengung, wenn man zurückgeblieben ist und nicht mehr mitkommt. Als sein Glaube den Anschluß verloren hatte, versuchte er, sich zu setzen. Dann ging er zurück in die Jahre der Kindheit, radikal genug, um zu begreifen, woher das alles gekommen war. Als ihm alles genommen war, »setzten sie sich neben Ijob auf die Erde. Sieben Tage und Nächte blieben sie so sitzen, ohne ein Wort zu sagen; denn sie sahen, wie furchtbar Ijob litt« (Ijob 2,13). Später standen sie auf, seine Freunde, liefen aufgeregt hin und her und hielten nutzlose Reden. Doch geholfen hatte nur ihr stummes Sitzen.

»Warten ist / jene trockene Strecke / in der Porzellan / und Unmut entstehen« (Hans Joachim Sell). Um warten zu lernen, ging er ins Kloster. Auf Dauer mehr Unmut als Porzellan, vor allem aber die Sehnsucht und das unleugbare Wissen um die eigene Unrast. Er fuhr wieder heim, hierhin und dorthin, neugierig und dankbar für die erholsamen Tage, da sein Glaube einen Sitzplatz gefunden hatte. Siedler und Nomaden, in jedem von uns lebendig.

Jona in der großen Stadt

Jona machte sich auf den Weg und ging nach Ninive, wie der Herr es ihm befohlen hatte. Ninive war eine große Stadt vor Gott; man brauchte drei Tage, um sie zu durchqueren. Jona begann, in die Stadt hineinzugehen; er ging einen Tag lang und rief: Noch vierzig Tage, und Ninive ist zerstört!

Jona 3,3–4

Am Stadtrand, vorbei an Tankstellen und Fast-Food-Restaurants, vorbei an Wohnblocksiedlungen, die nicht alle böse sind, auch wenn sie so grau gucken, vorbei am Industriegebiet und vorbei an einem Dorfkirchlein, das früher mal irgendein Mittelpunkt gewesen zu sein scheint, dann mit der Straßenbahn, dann an beliebiger Stelle Stop and Go.

Ich stelle mir Jona klein und eindringlich vor. So 'n Hauch von Norbert Blüm. Mein Jona ist jedenfalls originell und wird durchaus ernstgenommen, auch wenn die Leute lachen. In der Stadt machen viele für vielerlei Reklame. Seid ohne Sorge. Seid ohne Sorge. Der Prophet hat dafür keine Zeit. Er kommt schnell zur Sache und gibt dem Unternehmen Ninive noch 40 Tage. Dann ist alles futsch. Jedenfalls alles, was die Stadt betrifft. Stadtseelsorge muß knackig sein und auf den Punkt kommen. Im Lokalfunk geben sie Jona knapp 60 Sekunden. Länger hört hier sowieso keiner zu. Jona hätte vermutlich lieber Gesprächskreise gebildet. Nur mal so predigen in der großen Stadt, das ist doch nicht viel wert. Aber Jona ist nicht sein eigener Herr. Wäre er sein eigener Herr gewesen, hätte er die Stadt längst abgeschrieben. Doch sein Herr hat's sogar mit den Städtern.

Friede den Hoffenden

Gib Frieden denen, die auf dich hoffen, und erweise deine Propheten als zuverlässig! Erhöre das Gebet deiner Diener und deines Volkes.

Sir 36,21–22

Friede den Hoffenden, Krieg den Verzweifelten? So steht es nicht da, doch daß sich der Friede bevorzugt an die Hoffnung bindet, stimmt nachdenklich. Ist das nicht jene zynische Logik, nach der du lieber reich und gesund als arm und krank bist?

Eines Tages stürzt die Hoffnung ab. Gottvertrauen ist kein Dauerzustand. Zu viele Enttäuschungen, zu lange Wartezeiten, zu großer Schmerz, das ist nichts für uns Menschen. Einige Male noch versuchst du es mit der Hoffnung der Hoffnungslosen, mit der Hoffnung wider alle Hoffnung, mit der Hoffnung unterm Kreuz. Dann geht das Licht aus, einfach so.

Vorher, Schöpfer der Welt, Herrscher des Himmels, Vater der Geschichte, vorher muß der Friede kommen. Wenigstens so viel, daß die kleine Hoffnung nicht kaputtgeht. Wir sind Menschen mit begrenzter Kraft. GmbH. Geschöpfe mit beschränkter Hoffnung.

Christus 2000

Er ist das Ebenbild des unsichtbaren Gottes, der Erstgeborene der ganzen Schöpfung. Denn in ihm wurde alles erschaffen im Himmel und auf Erden, das Sichtbare und das Unsichtbare, Throne und Herrschaften, Mächte und Gewalten; alles ist durch ihn und auf ihn hin geschaffen. Er ist vor aller Schöpfung, in ihm hat alles Bestand.

Kol 1,15–17

Wie oft haben wir in den letzten Monaten vom Jahr 2000 gesprochen? Es ist für fast alles gut. Orwells 1984 war dagegen ein Winzling. Gut für die Frage nach meiner Lebenserwartung. Gut für das Sparbuch, um im Jahr 2000 bei der Olympiade dabeizusein. Gut für die Reden einiger Politiker, die zur Jahrtausendwende die Probleme im Griff haben wollen. Spätestens dann seien die alternativen Energiequellen genauso wichtig wie die Kernkraftwerke. Und der ICE fährt nach Erfurt durch den Thüringer Wald. Und die Talsohlen der Kirche sind durchschritten. Mittlerweile wird erhöht: 2001, 2005, wer bietet mehr? Oder ist bis dahin die Erde futsch? Wer bietet mehr?

Weltuntergangsszenarien und Zukunftsfieber kommen gern zur Jahrtausendwende. Bischof Ulrich von Augsburg, König Stephan von Ungarn und andere Figuren ums Jahr 1000 könnten davon berichten. Auch damals wurden die einen nervös, die anderen fromm. Doch der neue Äon brachte wenig Neues. Man verspricht sich vielerlei vom neuen Übermorgen. Zu viel.

Da wirkt der Kolosserhymnus seltsam abstrakt. Gerade so aber kann ich getrost in die Zukunft blicken. Ich will mir nichts erzählen lassen von dem, was morgen vielleicht sein wird. Ich will mir nicht den Mund wässrig machen lassen und auch nicht hören, daß alles futsch ist. Sollte es je so sein – und wir alle wissen, daß die Schöpfung endlich ist! –, dann »will ich auf Dich blicken«. Ob ich denn das Jahr 2000 noch erlebe oder nicht, ich gehöre Christus.

Michael Graff

Jahrgang 1949, aufgewachsen im schwäbischen Weil der Stadt, Theologiestudium in Tübingen, 1975 Priesterweihe. Pfarrer in Alpirsbach (Schwarzwald) und Filmreferent an der Fachstelle für Medienarbeit der Diözese Rottenburg-Stuttgart. Bücher und zahlreiche Arbeiten für Hörfunk und Fernsehen. Als Prediger und Schriftsteller erzählt er von halben Heiligen und gelandeten Engeln und vom fidelen Jammertal, also vom Himmel auf Erden. »Das Gehen kann man lernen, nicht das Ankommen.«

Michael Graff liebt den Vordergrund, die Kleinigkeiten, das Unwesentliche. Er versteht sich als »Mundwerker Gottes« und tröstet mit seinem munteren Wortschatz viele Zeitgenossen, die sich mit Gott und Kirche schwertun. Fast immer versucht er dabei, Religion vergnüglich zu servieren, in Reim oder Prosa, für Kleine und Große, zum Betrachten und Grübeln, zum Singen und Spielen, zum Lesen und Vorlesen. »Ich will dem Wort Gott neue Nachbarschaften geben.«

Verwendete Schriftstellen

Veröffentlichungen des Autors

Stolperspuren in den Himmel
Paderborn 1988

Sag mal lieber Gott
Meine Sonntagsbibel A
Freiburg 1989

Hörst du mich, lieber Gott
Meine Sonntagsbibel B
Freiburg 1990

Da bin ich, lieber Gott
Meine Sonntagsbibel C
Freiburg 1991

Stoßgebete am Computer
Illustriert von Jules Stauber
Freiburg 1991

Das totale Firmbuch
Düsseldorf 1991 (4. Aufl. 1995)

Himmel hilf, ich faste
Illustriert von Jules Stauber
Freiburg 1991

... Erst die Tiere, dann der Mensch
Freiburg 1992

Namensbücher (Hrsg.)
Ostfildern
Eigene Titel in der Reihe:

Liebe Anna (1991)
Lieber Michael (1991)
Lieber Christian (1992)
Lieber Stefan (1992)
Liebe Barbara (1992)
Lieber Georg (1992)
Lieber Klaus (1992)
Lieber Paul (1992)
Lieber Ulrich (1992)
Lieber Sebastian (1993)
Lieber Karl (1993)
Lieber Dieter (1993)
Lieber Florian (1993)
Liebe Gertrud (1993)
Lieber Manfred (1993)
Lieber Rainer (1993)

Katholisch und trotzdem gut drauf
Düsseldorf 1993 (6. Aufl. 1994)